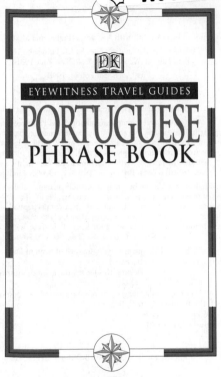

EYEWITNESS TRAVEL GUIDES

PORTUGUESE
PHRASE BOOK

A Dorling Kindersley Book

LONDON, NEW YORK, MUNICH,
MELBOURNE, AND DELHI

Compiled by Lexus Ltd with Ana de Sá Hughes and Mike Harland

Published in the United States by DK Publishing, Inc.
95 Madison Avenue, New York, New York 10016

First American Edition 1998
Reprinted with corrections 2000, 2002
2 4 6 8 10 9 7 5 3

Copyright © 1998 Dorling Kindersley Limited, London

Dorling Kindersley books can be purchased in bulk quantities at discounted prices
for use in promotions or as premiums. We are also able to offer special editions
and personalized jackets, corporate imprints, and excerpts from all of our books,
tailored specifically to meet your own needs. To find out more, please contact:
Special Markets Department, Dorling Kindersley Publishing, Inc., 95 Madison
Avenue, New York, NY 10016; Fax: 800-600-9098.

Library of Congress Cataloging-in-Publication Data
Portuguese. -- 1st American ed.
    p.   cm. -- (Dorling Kindersley travel guides phrase books)
ISBN 0–7894–9492–2
1. Portuguese language--Conversation and phrase books--English.
I. DK Publishing, Inc.   II. Series.
PC5073.P64 1998
469.83'421--DC21   98–8705
                                            CIP

Printed and bound in Italy by Printer Trento Srl.

Picture Credits
Jacket (bottom right) © Imagestate

see our complete product line at
www.dk.com

CONTENTS

PREFACE

This *Dorling Kindersley Eyewitness Travel Guides Phrase Book* has been compiled by experts to meet the general needs of tourists and business travelers. Arranged under the headings of Hotels, Driving, and so forth, the ample selection of useful words and phrases is supported by a 2,000-line mini-dictionary. There is also an extensive menu guide listing approximately 550 dishes or methods of cooking and presentation. In addition, many Brazilian words and expressions are given, including a list of typical Brazilian dishes and specialties.

Typical replies to questions you may ask during your trip, and the signs or instructions you may see or hear, are shown in tinted boxes. In the main text, the pronunciation of Portuguese words and phrases is imitated in English sound syllables. The introductory section on pronunciation provides basic guidelines to Portuguese (and Brazilian Portuguese) pronunciation.

Dorling Kindersley Eyewitness Travel Guides are recognized as the world's best travel guides. Each title features specially commissioned color photographs, cutaways of major buildings, 3-D aerial views, and detailed maps, plus information on sights, events, hotels, restaurants, shopping, and entertainment.

Dorling Kindersley Eyewitness Travel Guides titles include:
Portugal · Lisbon · Amsterdam · Australia · Sydney · Berlin
Budapest · California · Florida · Hawaii · New York
San Francisco & Northern California · Canada · France · Loire Valley
Paris · Provence · Great Britain · London · Ireland · Dublin
Scotland · Greece: Athens & the Mainland · The Greek Islands
Istanbul · Italy · Florence & Tuscany · Milan & the Lakes
Naples · Rome · Sardinia · Sicily · Venice & the Veneto
Jerusalem & the Holy Land · Mexico · Moscow · St. Petersburg
Prague · South Africa · Spain · Barcelona · Madrid
Seville & Andalusia · Thailand · Vienna · Warsaw

PRONUNCIATION

When reading the imitated pronunciation, stress the part that is underlined. Pronounce each syllable as if it formed part of an English word, and you will be understood fairly well. Avoid pauses between the syllables. The Portuguese tend to link the sound of a terminal vowel with the beginning of the next word. They have a "soft" pronunciation and will often swallow word endings. Given this complex sound structure, it is not always easy to transcribe Portuguese in terms of English spelling. Remember the points below, and your pronunciation will be even closer to the correct Portuguese.

j As in *ajoodahr* (for **ajudar**): this should be sounded as you would in the s in "pleasure," soft not hard.

ng As in *nowng* (for **não**): it represents the nasal sound made when the vowels a, e, i, o, or u precede m or n, and the nasal diphthongs ão, ãe, ãi, and õe. If you are familiar with the French pronunciation of words like "monter" and "environ," then the Portuguese nasal sound should be no problem to you. Don't give the *g* of *ng* its full (hard) value as in "sing"—treat the letter combination as a symbol of the nasal sound.

r As in *rakettuh* (for **raqueta**): the initial r of a word should be rolled and aspirated, to create a "hrr" sound from the back of the throat.

u As in *kah-zuh duh bahn-yoo* (for **casa de banho**): this is a dull u sound, as in the o in "mother."

BRAZILIAN PORTUGUESE

For Brazilian Portuguese, word endings are not swallowed as in Portuguese, and vowel sounds are clearly pronounced. The **ão** sound is heavily nasalized as in Portugal. The letter **r** at the beginning of a word is pronounced as an h so Rio (as in Rio de Janeiro) actually sounds like hee-oo. A double **r**, in the middle of a word, also sounds like the English h. The **s** as in **cortes** is more like a z, whereas in Portuguese it is like the English sh.

Where the Portuguese word differs from the Brazilian, the Brazilian equivalent has been given next to it, as in the following example (**levantar** is the Portuguese and **tirar** the Brazilian equivalent);

Posso levantar/tirar (*Braz*) dinheiro com este cartão de crédito?

Where the whole sentence (or most of the sentence) is different, the Brazilian equivalent will be repeated on a separate line and have (*Braz*) preceding it:

Desculpe, enganei-me no número
dushkoolp, enganay-muh noo noomeroo

(*Braz*) **Desculpe, foi engano**
dushkoolp, foy en-gah-noh

In Things You'll See or Hear, the whole Brazilian phrase has been given afterward:

casa de banho/banheiro (*Braz*)	bathroom
não fumadores/não fumantes (*Braz*)	nonsmokers

USEFUL EVERYDAY PHRASES

Yes/No
Sim/Não
seeng/nowng

Thank you
Obrigado *(said by a man)*
obreegah-doo

Obrigada *(said by a woman)*
obreegah-duh

No, thank you
Não obrigado *(said by a man)*
nowng obreegah-doo

Não obrigada *(said by a woman)*
nowng obreegah-duh

Please
Por favor
poor fuh-vor

I don't understand
Não compreendo/entendo *(Braz)*
nowng kompree-endoo/ain-taing-doh

Do you speak English/French/Spanish?
Fala inglês/francês/espanhol?
fah-luh eenglesh/fransesh/shpan-yoll

I can't speak Portuguese
Eu não falo português
eh-oo nowng fah-loo poortoo-gesh

Please speak more slowly
Por favor, fale mais devagar
poor fuh-vor, fahl mysh duvagahr

Please write it down for me
Não se importa de me escrever isso?
nowng see eemportuh duh mushkrevair eessoo

Good morning
Bom dia
bong dee-uh

Good afternoon
Boa tarde
boh-uh tard

Good night
Boa noite
boh-uh noyt

Goodbye
Adeus/Até logo *(Braz)*
adeh-oosh/ahteh loh-guh

How are you?
Como está?/Como vai? *(Braz)*
koh-moo shta/koh-moo vaee

Excuse me, please
Se faz favor/Com licença *(Braz)*
suh fash fuh-vor/kong lee-saing-sah

Sorry!
Desculpe!
Dushkoolp

I'm really sorry
Tenho muita pena/Sinto muito (*Braz*)
t<u>e</u>nyo mw<u>ee</u>ntuh p<u>e</u>h-nuh/s<u>ee</u>nto mw<u>ee</u>ntoo

Can you help me?
Pode-me ajudar?
p<u>o</u>d-muh ajood<u>a</u>r

Can you tell me …?
Pode-me dizer …?
p<u>o</u>d-muh deez<u>ai</u>r

Can I have …?
Dá-me …?/Me dá …? (*Braz*)
d<u>a</u>-muh/meh dah

I would like …
Queria …/Gostaria … (*Braz*)
kr<u>ee</u>-uh/gos-tah-<u>ree</u>-uh

Is there … here?
Há … aqui?
ah … ak<u>ee</u>

Where is the restroom?
Onde é a casa de banho?
<u>o</u>ndeh uh k<u>a</u>h-zuh duh b<u>a</u>hn-yoo

(*Braz*) Onde é o banheiro
<u>ong</u>-deh er oh bang-<u>eh</u>-roh

Is there a highchair/crib/baby changing room?
Há uma cadeira alta/um berço/um vestiário para bébés?
*ah oomah kah-day-ruh al-tuh/oom behr-su/oom vesh-tee-aree-oo
  pahr-uh beh-besh*

Where can I get …?
Onde posso arranjar …?
onduh possoo arranjahr

How much is it?
Quanto custa?
kwantoo kooshtuh

Do you take credit cards?
Aceitam cartões de crédito?
assay-towng kartoyngsh duh kredditoo

Can I pay by check?
Posso pagar com cheque?
possoo pagahr kong shek

What time is it?
Que horas são?
kee orush sowng

I must go now
Tenho que me ir embora
tenyo kuh muh eer emboruh

(Braz) Tenho que ir embora
teng-ho keh eer eng-boh-rah

Cheers! *(toast)*
Saúde!
sa-ood

Go away!
Vá-se/Vai *(Braz)* embora!
vassuh/vaee emboruh

Where is the US embassy?
Onde é que fica a embaixada dos Estados Unidos?
onduh eh kee fee-kah ah embaay-shah-dah doosh shtah-doosh oonee-doosh

Is there wheelchair access?
Têm acesso para cadeiras de rodas?
tay-ayng asseh-soo pahr-uh kah-day-rash deh ro-dash

Are there facilities for the disabled?
Há facilidades para deficientes?
ah fa-see-lee-dahdesh pahr-uh defee-see-eng-tesh

Are guide dogs allowed?
Permitem cães de guia?
per-mee-tang kaingsh deh guahr-duh

THINGS YOU'LL SEE OR HEAR

aberto	open
água potável	drinking water
aluga-se	for rent
caixa	cash register
casa de banho/ banheiros (*Braz*)	restroom
com licença	excuse me
como está/vai? (*Braz*)	how are you
de nada	don't mention it
desculpe	sorry
é/por (*Braz*) favor fechar a porta	please close the door
elevador	elevator
empurre	push
encerrado	closed
entrada	entrance

→

entrada livre/franca (*Braz*)	admission free
fechado	closed
fechado para férias	closed for holiday period
fechado para obras	closed for repairs
homens	men
horário de abertura	opening times
horas de visita	visiting hours
lavabos	toilet
muito prazer!	pleased to meet you!
não	no
não falo inglês	I don't speak English
não faz mal	never mind
não fumar	no smoking
obrigado	thank you
ocupado	occupied
perdão	sorry
perigo de morte	danger
pintado de fresco/ **tinta fresca** (*Braz*)	wet paint
privado	private
proibida a entrada	no admittance
puxe	pull
reservado	reserved
saída	exit
saída de emergência	emergency exit
saldos	sale
sanitários/WC	toilet
senhoras	women
sim	yes
um momento, por favor	one moment, please
vende-se	for sale

DAYS, MONTHS, SEASONS

Sunday	Domingo	*doomeengo*
Monday	Segunda-feira	*segoonduh fay-ruh*
Tuesday	Terça-feira	*tairsuh fay-ruh*
Wednesday	Quarta-feira	*kwartuh fay-ruh*
Thursday	Quinta-feira	*keentuh fay-ruh*
Friday	Sexta-feira	*sayshtuh fay-ruh*
Saturday	Sábado	*sabadoo*
January	Janeiro	*janay-roo*
February	Fevereiro	*fuvray-roo*
March	Março	*marsoo*
April	Abril	*abreel*
May	Maio	*my-oo*
June	Junho	*joon-yoo*
July	Julho	*jool-yoo*
August	Agosto	*agoshtoo*
September	Setembro	*setembroo*
October	Outubro	*oh-toobroo*
November	Novembro	*noovembroo*
December	Dezembro	*dezembroo*
Spring	Primavera	*preema-vairuh*
Summer	Verão	*verowng*
Fall	Outono	*otoh-noo*
Winter	Inverno	*eemvairnoo*
Christmas	Natal	*natahl*
Christmas Eve	Véspera de Natal	*veshpurruh duh natahl*
Good Friday	Sexta-feira Santa	*seshtuh fay-ruh santuh*
Easter	Páscoa,	*pahsh-kwuh-wuh,*
	Semana Santa	*seman-uh santuh*
New Year	Ano Novo	*ah-noo noh-voo*
New Year's Eve	Véspera de Ano	*veshpuh-ruh dah-noo*
	Novo	*noh-voo*

NUMBERS

0	zero *zairoo*	5	cinco *seeng-koo*
1	um *oom*	6	seis *saysh*
2	dois *doysh*	7	sete *set*
3	três *tresh*	8	oito *oytoo*
4	quatro *kwatroo*	9	nove *nov*

10 dez *desh*
11 onze *onz*
12 doze *doze*
13 treze *trez*
14 catorze/quatorze (Braz) *katorz/katorzeh*
15 quinze *keenz*
16 dezasseis/dezesseis (Braz) *dezassaysh/dez-eh-seh-is*
17 dezassete/dezesete (Braz) *dezaset/dez-eh-setee*
18 dezoito *dezoytoo*
19 dezanove/dezenove (Braz) *dezanov/dez-eh-noh-vee*
20 vinte *veent*
21 vinte e um *veent ee oom*
22 vinte e dois *veent ee doysh*
30 trinta *treentuh*
31 trinta e um *treentuh ee oom*
32 trinta e dois *treentuh ee doysh*
40 quarenta *kwarentuh*
50 cinquenta *seeng-kwentuh*
60 sessenta *sessentuh*
70 setenta *setentuh*
80 oitenta *oytentuh*
90 noventa *nooventuh*
100 cem *sayng*
110 cento e dez *sentoo ee desh*
200 duzentos *doozentoosh*
1000 mil *meel*
1,000,000 um milhão *oom meel-yowng*

TIME

today	hoje	*oje*
yesterday	ontem	*ontayng*
tomorrow	amanhã	*amanyang*
the day before yesterday	anteontem	*antee-ontayng*
the day after tomorrow	depois de amanhã	*depoysh damanyang*
this week	esta semana	*eshtuh semah-nuh*
last week	a semana passada	*uh semah-nuh passah-duh*
next week	a semana que vem	*uh semah-nuh kuh vayng*
this morning	esta manhã/	*eshtuh manyang/*
	hoje de manhã *(Braz)*	*hoe-gee deh manyang*
this afternoon	esta tarde/	*eshtuh tard*
	hoje à tarde *(Braz)*	*hoe-gee ah tard*
this evening	esta noite/	*eshtuh noyt*
	hoje de noite *(Braz)*	*hoe-gee deh noyt*
tonight	esta noite	*eshtuh noyt*
yesterday afternoon	ontem à tarde	*ontayng ah tard*
tomorrow morning	amanhã de manhã	*amanyang duh manyang*
tomorrow night	amanhã à noite	*amanyang ah noyt*
in three days	dentro de três dias/	*dentroo duh tresh dee-ush*
	em três dias *(Braz)*	*ehm tresh dee-ush*
three days ago	há três dias	*ah tresh dee-ush*
late	tarde	*tard*
early	cedo	*seh-doo*
soon	em breve	*ayng brev*
later on	mais tarde	*mysh tard*
at the moment	neste momento	*nesht moomentoo*
second	segundo	*segoondoo*

minute	minuto	*meenootoo*
ten minutes	dez minutos	*desh meenootoosh*
quarter of an hour	um quarto de hora/ quinze minutos (*Braz*)	*oom kwartoo doruh/ king-zeh mee-noo-toes*
half an hour	meia hora	*may-yuh oruh*
three quarters of an hour	três quartos de hora/ quarenta e cinco minutos (*Braz*)	*tresh kwartoosh doruh/ cua-raing-tah eh seen-kow mee-noo-toes*
hour	a hora	*oruh*
day	o dia	*dee-uh*
week	a semana	*semah-nuh*
month	o mês	*mesh*
year	o ano	*ah-noo*

TELLING TIME

In Portuguese, you always put the hour first when talking about minutes past the hour. Use the word **e** for "past" (eg. 3:20 = **três e vinte** or "three and twenty"). For minutes to the hour, the minutes come first. Use the word **para** for "to" (eg. 6:40 = **vinte para as sete** or "twenty to seven"). The 24-hour clock is used officially in timetables and inquiry offices.

In Brazilian Portuguese you never use the word "quarter" when telling the time, instead you say fifteen to the hour or fifteen past the hour (eg. 2:15 = **duas e quinze** and 2:45 = **quinze para as três**).

one o'clock	uma hora	*oomuh oruh*
ten past one	uma e dez	*oomuh ee desh*
quarter past one	uma e um quarto/ uma e quinze (*Braz*)	*oomuh ee oom kwartoo/oomah eh king-zeh*
twenty past one	uma e vinte	*oomuh ee veent*
half past one	uma e meia	*oomuh ee may-yuh*
twenty to two	vinte para as duas	*veent prash doo-ush*

quarter to two	um quarto para as duas/quinze para as duas *(Braz)*	*oom kwartoo prash doo-ush/king-seh pah-rah as doo-as*
ten to two	dez para as duas	*desh prash doo-ush*
two o'clock	duas horas	*doo-uz orush*
13:00 (1 PM)	treze horas	*trezee orush*
16:30 (4:30 PM)	dezasseis e trinta/ dezesseis e trinta *(Braz)*	*dezassayz ee treentuh dez-eh-seh-is ee treentuh*
20:10 (8:10 PM)	vinte e dez	*veent ee desh*
at half past five	às cinco e meia	*ash seeng-koo ee may-yuh*
at seven o'clock	às sete horas	*ash set orush*
noon	meio-dia	*may-yoo-dee-uh*
midnight	meia-noite	*may-yuh-noyt*

HOTELS

Portuguese hotels are classified one-star to five-star, in addition to which there are the following types of accommodations:

Estalagem: Luxury inn
Pousada: State-run inn, in a scenically beautiful area and often a building of historic interest
Residência: Boarding house
Pensão Reasonably priced accommodations, usually a small, family-run concern

USEFUL WORDS AND PHRASES

balcony	a varanda	var*a*nduh
bathroom	a casa de banho/	k*ah*-zuh duh b*a*hn-yoo/
	o banheiro (Braz)	bang-*eh*-roh
bed	a cama	k*ah*-muh
bedroom	o quarto	kw*a*rtoo
bill	a conta	k*o*ntuh
breakfast	o pequeno almoço/	pek*eh*-noo alm*o*h-soo/
	o café da manhã (Braz)	caf*é* dah mang-*nya*
dining room	a sala de jantar	s*ah*-lah duh j*a*ntahr
dinner	o jantar	jant*a*hr
double room	o quarto de casal	kw*a*rtoo duh kaz*a*l
elevator	o ascensor/	ash-sayng-s*o*r/
	o elevador (Braz)	eh-*lev*-ah-door
full board	pensão completa	payng-s*o*wng kompl*e*ttuh
half board	meia-pensão	m*a*y-yuh payng-s*o*wng
hotel	o hotel	oh-t*e*ll
key	a chave	sh*a*hv
lobby	o foyer/o salão (Braz)	fw*y*-ay/sahlang
lounge	a sala	s*ah*-luh
lunch	o almoço	alm*o*h-soo
manager	o gerente	jerr*e*nt
reception	a recepção	russeps*o*wng

receptionist	o recepcionista	*russepss-yooneeshtuh*
restaurant	o restaurante	*rushtoh-rant*
room	o quarto	*kwartoo*
room service	o serviço de quartos	*sur-veeso duh kwartoosh*
shower	o duche/o chuveiro *(Braz)*	*doo-sh sho-veh-roh*
single room	o quarto individual/ de solteiro *(Braz)*	*kwartoo eendeeveedwal/ duh sol-teh-roh*
toilet	a casa de banho/ banheiro *(Braz)*	*kah-zuh duh bahn-yoo/ bah-nhei-roh*
twin room	o quarto com duas camas	*kwartoo kong doo-ush kah-mush*

Do you have any vacancies?
Têm vagas?
tay-ayng vah-gush

I have a reservation
Eu fiz uma reserva
eh-oo feez ooma rezairvuh

I'd like a single/double room
Queria um quarto individual/de casal
kree-uh oom kwartoo eendeeveedwal/duh kazal

(Braz) Queria um quarto de solteiro/de casal
kree-uh oom kwartoo dee sol-teh-roh/duh kazal

I'd like a twin room
Queria um quarto com duas camas
kree-uh oom kwartoo kong doo-ush kah-mush

I'd like a room with a bathroom/balcony
Queria um quarto com casa de banho/com varanda
kree-uh oom kwartoo kong kah-zuh duh banhyoo/kong varanduh

(Braz) Queria um quarto com o banheiro/com varanda
kree-uh oom kwartoo kong oh bang-eh-roh/kong varanduh

I'd like a room for one night/three nights
Queria um quarto só por uma noite/três noites
kree-uh oom kwartoo soh poor oomuh noyt/poor tresh noytsh

Is there satellite/cable TV in the rooms?
Os quartos têm tv via satélite/tv por cabo?
osh kwartoosh tay-ayng teh-vea vee-uh sateh-lee-tuh/teh-vee poor ka-bu

What is the charge per night?
Qual é o preço por noite?
kwal eh oo preh-soo poor noyt

I don't yet know how long I'll stay
Ainda não sei quanto tempo vou ficar
ah-eenduh nowng say kwantoo tempoo voh feekahr

When is breakfast/dinner?
A que horas é o pequeno almoço/o jantar?
uh kee oruz eh oo pekeh-noo almoh-soo/oo jantahr

(*Braz*) A que horas é o café da manhã/o jantar?
uh kee oruz eh oo café deh mang-nya/oo jantahr

Would you have my luggage brought up, please?
Pode-me/Poderia (*Braz*) levar a bagagem, por favor?
pod-muh/poh-deh-ree-ah luhvahr uh bagah-jayng, poor fuh-vor

Please call me at ... o'clock
Chame-me às ... horas, por favor
shamu-muh ash ... orush, poor fuh-vor

May I have breakfast in my room?
Posso tomar o pequeno almoço no quarto?
possoo toomahr oo pekeh-noo almoh-soo/noo kwartoo

(*Braz*) Posso tomar o café da manhã no quarto?
possoo toomahr oo café deh mang-nya noo kwartoo

I'll be back at … o'clock
Volto às … horas
v̲o̲ltoo ash … o̲rush

Can you recommend another hotel?
Pode-me recomendar/Poderia sugerir *(Braz)* outro hotel?
p̲o̲d-muh rekoomend̲a̲hr/poh-deh-re-ah s̲o̲ojehreer o̲h-troo oh-t̲e̲ll

My room number is …
O número do meu quarto é o …
oo n̲o̲omeh-roo doo m̲e̲h-oo kw̲a̲rtoo eh oo

I'm leaving tomorrow
Vou-me embora amanhã
v̲o̲h-muh emb̲o̲ruh amany̲a̲ng

May I have the bill, please?
A conta, por favor
uh k̲o̲ntuh, poor fuh-v̲o̲r

Can you get me a taxi?
Pode-me chamar um taxi?
p̲o̲d-muh sham̲a̲hr oom t̲a̲ksee

THINGS YOU'LL SEE

água fria	cold water
água quente	hot water
almoço	lunch
banheira	bathtub
casa de banho/ banheiro *(Braz)*	bathroom, toilet
chuveiro	shower
conta	bill
dormida e pequeno almoço/ quarto e café da manhã *(Braz)*	bed and breakfast

→

elevador	elevator
jantar	dinner
meia-pensão	half board
pensão completa	full board
pequeno almoço/ café da manhã (*Braz*)	breakfast
quarto com duas camas	twin room
quarto de casal	double room
quarto individual/ quarto de solteiro (*Braz*)	single room
recepção	reception
rés-do-chão/ térreo (*Braz*)	first floor
reserva	reservation
restaurante	restaurant
saída de emergência	emergency exit
telefone	telephone
telefonista	switchboard operator

THINGS YOU'LL HEAR

Tenho muita pena, mas estamos cheios
(*Braz*) Sinto muito, mas estamos cheios
I'm very sorry, but we're full

Não temos quartos individuais
(*Braz*) Não temos quarto de solteiros
There are no single rooms left

Não há vagas
No vacancies

É/Por (*Braz*) favor pagar adiantado
Please pay in advance

CAMPING AND TRAILER TRAVEL

Portugal has campsites all along its coastline and especially near the most popular resorts. Sites can also be found inland. It is advisable to have an International Campers' Card, available from motoring organizations. Many sites require that such a card be shown, especially in the high season.

Youth hostels are open to members of the Youth Hostel Association, but in the high season it is best to make a reservation in advance.

In contrast to Portugal, camping isn't widespread in Brazil, and there are very few organized campsites with facilities.

USEFUL WORDS AND PHRASES

backpack	a mochila	*moosheeluh*
bucket	o balde	*balduh*
camper *(RV)*	a rulote/	*roo-loh-chay/*
	o trailer *(Braz)*	*tray-ler*
camper site	o parque de	*park duh*
	caravanas	*kah-rah-vahnash*
campfire	a fogueira	*foogay-ruh*
go camping	ir acampar	*eer akampahr*
campsite	o parque de	*park duh*
	campismo	*kampeej-moo*
cooking utensils	os utensílios de	*ootenseel-yoosh duh*
	cozinha	*koozeennyuh*
drinking water	a água potável	*ahg-wuh pootah-vell*
garbage	o lixo	*leeshoo*
groundcloth	a lona impermeável	*lonnuh eempermee-ah-vell*
hitchhike	pedir boleia/	*pedeer boolayyuh/*
	pedir carona *(Braz)*	*peh-deer ka-roh-nah*
rope	corda	*korduh*
saucepans	as panelas	*pah-neh-lush*
sleeping bag	o saco de dormir	*sah-koo duh doormeer*

tent	a tenda de campismo/	*teng-dah deh kang-*
	a barraca *(Braz)*	*peesh-moo/ba-hak-er*
trailer	o reboque	*rehbok*
youth hostel	o albergue da/de	*albairg duh/deh*
	(Braz) juventude	*jooventood*

Can I camp here?
Posso acampar aqui?
possoo akampahr akee

Can we park the camper (RV) here?
Podemos estacionar a rulote/o trailer *(Braz)* aqui?
poodeh-moosh shtass-yoonahr ah roo-loh-chay/oh tray-ler akee

Where is the nearest campsite/camper site?
Onde fica o parque de campismo mais próximo?
onduh feekuh oo park duh kampeej-moo mysh prossimoo

What is the charge per night?
Qual é o preço por noite?
kwal eh oo preh-soo poor noyt

Can I light a fire here?
Posso acender uma fogueira aqui?
possoo assendair oomuh foogay-ruh akee

Where can I get ...?
Onde posso arranjar ...?
onduh possoo arranjahr

Is there drinking water here?
Há água potável aqui?
ah ahg-wuh pootah-vell akee

THINGS YOU'LL SEE OR HEAR

acampar	to camp
água potável	drinking water
albergue da/de (*Braz*) juventude	youth hostel
barraca (*Braz*)	tent
cartão	pass, identity card
casa de banho/ banheiro (*Braz*)	toilet
chuveiro	shower
cobertor	blanket
cozinha	kitchen
duche	shower
emprestar	lend
fogueira	fire
luz	light
manta	blanket
parque de campismo	campsite
pedir emprestado	borrow
proibido acampar	no camping
proibido fazer lume/ proibido fazer fogueira (*Braz*)	do not light fires
reboque	trailer
rulote/trailer (*Braz*)	camper (RV)
saco de dormir	sleeping bag
tarifa	charges
tenda de campismo	tent
uso	use

DRIVING

Portugal has a rapidly expanding highway network with substantial stretches heading northward and southward from Lisbon. All highways charge a toll. If you don't use the highways, it is advisable to use an EN (**Estrada Nacional**), since the secondary roads can be in poor repair.

By American standards, Brazilian roads are not very well maintained. Some roads have recently been privatized and tolls are now levied.

In Portugal, the rules of the road are: drive on the right, pass on the left. There are no priority signs such as there are in France, since all secondary roads yield to major routes at intersections. In the case of roads having equal status, or at unmarked intersections, traffic coming from the RIGHT has priority.

The speed limit on the toll highways is 75 mph (120 km/h), and on other main roads 56 mph (90 km/h); otherwise keep to the speed shown. In built-up areas the limit is 37 mph (60 km/h). You can be fined on the spot if you break the speed limit. Equipment to be carried at all times includes a spare tire and a red triangle in case of breakdown or accident. Seat belts are compulsory. It is also compulsory to carry your driver's license, insurance documents, and passport at all times.

Gas stations on highways are usually open 24 hours a day, but elsewhere they close late at night. Fuel ratings are as follows: leaded = **super**, diesel fuel = **gasóleo**, unleaded = **sem chumbo**.

Many Brazilian cars run on **álcool**. Outside main cities, gas stations are few and far between, so fill up before you leave. Be prepared to pay in cash, since many gas stations don't take credit cards.

SOME COMMON ROAD SIGNS

aeroporto	airport
apagar os máximos/ apagar os faróis (*Braz*)	headlights off
atenção ao comboio/ atenção ao trem (*Braz*)	beware of the trains
bomba/posta (*Braz*) de gasolina	gas station
bus/via da ônibus (*Braz*)	bus lane
centro (da cidade)	town center
circule pela direita/esquerda	keep right/left
cruzamento	intersection
cruzamento perigoso	dangerous intersection
dar prioridade	yield
desvio	diversion
escola	school
estação de serviço	service station
estacionamento proibido	no parking
fim de autoestrada/ fim de rodovia (*Braz*)	end of highway
garagem	garage
luzes de trânsito	traffic lights
norte	north
obras	roadworks
páre, olhe e escute	stop, look, and listen
parque de estacionamento/ estacionamento (*Braz*)	parking lot
passagem de nível	train crossing
passagem subterrânea	pedestrian underpass
peões/pedestre (*Braz*)	pedestrians
perigo	danger
portagem/pedágio (*Braz*)	toll
proibida a inversão de marcha	no U-turns
proibido ultrapassar	no passing
rua sem saída	dead end
semáforos	traffic lights

→

sentido proibido	no entry
sentido único	one-way street
sinal (*Braz*)	traffic lights
vedado ao trânsito	road closed
veículos pesados	heavy vehicles
limite de velocidade	speed limit
zona azul	restricted parking zone

USEFUL WORDS AND PHRASES

brake	o travão/o freio (*Braz*)	*travowng*/*freh-oh*
breakdown	a avaria/	*avaree-uh*/
	enguiçar (*Braz*)	*en-gee-sah*
car	o carro	*karroo*
camper (*RV*)	a rulote/o trailer (*Braz*)	*roo-loh-chay*/*tray-ler*
drive (*verb*)	conduzir/	*kondoozeer*/
	dirigir (*Braz*)	*dee-ray-sheer*
engine	o motor	*mootor*
exhaust	o tubo de escape/	*tooboo dushkap*/
	o cano de descarga (*Braz*)	*ka-noh deh des kah-gah*
fan belt	a correia da ventoínha/	*kooreyyuh da ventoo-eenyuh*/
	a correia do ventilador (*Braz*)	*kor-haya doh vent-eh-lah-door*
garage	a oficina	*oh-feesseenuh*
gas	a gasolina	*gazooleenuh*
gas station	a bomba da gasolina	*bombuh duh gazooleenuh*
gear	a mudança/	*moodansuh*/
	a marcha (*Braz*)	*mah-shah*
gears	as mudanças/	*moodansush*/
	as marchas (*Braz*)	*mah-shahsh*
highway	a autoestrada/	*owtoo-shtrahduh*/
	a rodovia (*Braz*)	*hoad-oh-veah*
intersection	o cruzamento	*kroozamentoo*

junction *(on highway)*	o ramal da autoestrada/ o trevo *(Braz)*	ram*al* duh owtoo-shtr*ah*-duh/ tr*eh*-voh
license	a carta de condução/ a carteira de motorista *(Braz)*	k*a*rtuh duh kondoos*ow*ng/ car-t*ay*-rah deh mow-toe-r*ista*
license plate	a matrícula	matr*ee*-kooluh
lights *(head)*	os faróis máximos	far*oy*sh m*a*sseemoosh
(tail)	as luzes de trás	l*oo*zush duh trash
mirror	o espelho retrovisor	shp*ell*-yoo retroo-veez*o*r
motorcycle	a motocicleta	motoo-see-kl*e*ttuh
road	a estrada	shtr*ah*-duh
skid *(verb)*	patinar/derrapar *(Braz)*	patee-n*ah*r/dey-h*ap*-ah
spare parts	as peças sobresselentes/ as peças sobressalentes *(Braz)*	p*e*ssush sobruhsel*entsh*/ p*e*ssush soh-br*e*y-sah-l*en-cheese*
speed	a velocidade	veloossee-d*ah*d
speed limit	o limite de velocidade	leem*ee*t duh veloossee-d*ah*d
speedometer	o conta-quilómetros/ o velocímetro *(Braz)*	kontuh-keel*o*mmetroosh/ veh-loss-eh-m*en*-toh
steering wheel	o volante	vool*a*nt
tire	o pneu	pn*eh*-oo
tow *(verb)*	rebocar	rebook*a*hr
traffic lights	os semáforos o sinal *(Braz)*	sem*a*ffooroosh see-n*ahl*
trailer	o reboque	reb*ok*
truck	o camião/ o caminhão *(Braz)*	kam-y*ow*ng/ ka-mee-n*own*g
trunk	o porta-bagagem/ a mala *(Braz)*	p*o*rtuh-bag*ah*-jayng/ mah-lah
van	a furgoneta/ a caminhonete *(Braz)*	foorgoon*e*ttuh/ ka-meing-noh-n*ay*-chee
wheel	a roda	r*o*dduh
windshield	o pára-brisas	para-br*ee*-zush

I'd like some gas/oil/water
Queria gasolina/óleo/água
kr__ee__-uh gazool__ee__nuh/__o__ll-yoo/__a__hg-wuh

Fill it up, please!
Encha o tanque, por favor
__e__nshuh oo __tang__-key, poor fuh-v__o__r

I'd like 30 euros worth of gas
Queria trinta euros de gasolina, por favor
kr__ee__-uh tr__ee__ntuh ay__oo__rosh duh gazool__ee__nuh, poor fuh-v__o__r

(Braz) Queria cinco mil reais de gasolina, por favor
kr__ee__-uh s__ee__eng-koo meel heh-__ice__ duh gazool__ee__nuh, poor fuh-v__o__r

Would you check the tires, please?
Podia verificar os pneus, por favor?
pood__ee__-uh veree-f__ee__k__a__r oosh pn__e__h-oosh, poor fuh-v__o__r

Where is the nearest garage (for repairs)?
Onde é a oficina mais próxima?
__o__ndeh uh oh-feess__ee__enuh mysh pr__o__sseemuh

How do I get to …?
Como é que se vai para …?
k__o__h-moo eh kuh suh vye p__a__r-uh

Is this the road to …?
É este o caminho para …?
eh esht oo kam__ee__en-yoo p__a__r-uh

Do you do repairs?
Fazem reparações/consertos *(Braz)*?
f__a__h-zayng reparruh-s__o__yngsh/con-s__ir__-toes

Can you repair the clutch?
Pode-me arranjar a embraiagem?
p<u>o</u>d-muh arranj<u>a</u>hr uh embry-<u>a</u>h-jayng

(Braz) Pode consertar a embreagem?
poh-gee con-sir-tah ah em-bri-ah-<u>sh</u>eng

How long will it take?
Quanto tempo vai demorar?
kw<u>a</u>ntoo t<u>e</u>mpoo vye demoor<u>a</u>hr

There is something wrong with the engine
O motor está com um problema
oo moot<u>o</u>r sht<u>a</u>h kong oom pro-bl<u>e</u>h-mah

The engine is overheating
O motor está a aquecer demais
oo moot<u>o</u>r shtah akuss<u>ai</u>r duh-m<u>y</u>sh

(Braz) O motor está esquentando muito
oo moot<u>o</u>r shtah es-ken-<u>tan</u>-doo <u>mooing</u>-toe

I need a new tire
Preciso de um pneu novo
pre-<u>see</u>-soh doom pn<u>e</u>h-oo n<u>o</u>h-voo

I'd like to rent a car
Queria alugar um carro
kr<u>ee</u>-uh aloog<u>a</u>hr oom k<u>a</u>rroo

Where can I park?
Onde posso estacionar?
<u>o</u>nduh p<u>o</u>ssoo shtass-yoon<u>a</u>hr

Can I park here?
Posso estacionar aqui?
p<u>o</u>ssoo shtass-yoon<u>a</u>hr ak<u>ee</u>

DIRECTIONS YOU MAY BE GIVEN

à direita	on the right
à esquerda	on the left
a primeira à direita	first on the right
a segunda à esquerda	second on the left
dê a volta a .../	go round the ...
dê a volta no/na (*Braz*)	
depois do/da ...	after the ...
em frente	straight ahead
na esquina	at the corner
vire à direita	turn right
vire à esquerda	turn left

THINGS YOU'LL SEE OR HEAR

acidente	accident
bate-chapas	bodywork repairs
bicha/fila (*Braz*)	line (of traffic)
engarrafamento	traffic jam
pneu furado	puncture
gasóleo/diesel (*Braz*)	diesel
gasolina	gas
gasolina super	leaded gas
nível do óleo	oil level
óleo	oil
pressão dos pneus	tire pressure
saída	exit
sem chumbo	unleaded

TRAIN TRAVEL

Portuguese trains are quite fast, and fares are relatively low when compared with the rest of Europe. There are first- and second-class facilities, and you are advised to make an advance reservation because of high demand. On some routes, **CP** (the abbreviation for the national railroad company) offers car transportation.

In Brazil, train travel is not a major mode of transportation. The train called the **dourado** is a night train that runs between São Paulo and Rio de Janeiro, and is a very pleasant trip. The main types of trains are:

Automotora: Small, fast diesel train on local routes

Correio: Twice-daily mail train on long-distance routes; also takes passengers

ALFA: Express train from Lisbon to Oporto

Lusitânia-Express: Lisbon to Madrid luxury express

Inter-Cidades: Direct intercity train

Sud-Express: Lisbon to Paris express in 24 hours

Useful Words and Phrases

buffet	a cafeteria	*kah-feh-teh-ree-ah*
car *(train)*	a carruagem	*karwah-jayng*
compartment	o compartimento	*kompartee-mentoo*
connection	a ligação	*leegassowng*
currency exchange	o câmbio	*kamb-yoo*
dining car	a carruagem restaurante	*karwah-jayng rushtoh-rant*
emergency stop cord	o alarme	*alarm*
engine	a locomotiva	*lookoomooteevuh*
entrance	a entrada	*entrah-duh*

exit	a saída	*sa-ee-duh*
first class	primeira classe	*preemay-ruh klass*
get in	entrar	*entrahr*
get out	sair	*sah-eer*
guard	o guarda	*gwar-duh*
lost and found	perdidos e achados	*perdeedooz ee ashah-doosh*
luggage cart	o carrinho das bagagens	*kareen-yoo dush bagah-jayngsh*
luggage room	o depósito de bagagens/	*depozeetoo duh bagah-jayngsh*
	o guarda volumes (Braz)	*gwar-du voh-loom-es*
luggage van	a furgoneta das bagagens/	*foorgoonettuh dush bagah-jayngsh/*
	o vagão das bagagens (Braz)	*vah-gow das bag-ah-sheng*
one-way ticket	o bilhete simples	*beel-yet seemplush*
platform	a plataforma	*plataformuh*
rail	o carril/	*kareel/*
	o trilho (Braz)	*tre-lee-oh*
railroad	o caminho/	*kameenyoo/*
	a estrada (Braz) de ferro	*es-trah-dah duh ferroo*
reservations office	a bilheteira/	*beel-yuh-tay-ruh/*
	a bilheteria (Braz)	*beel-yuh-teh-ree-ah*
reserved seat	o lugar reservado	*loogar rezairvah-doo*
round-trip ticket	o bilhete de ida e volta	*beel-yet duh eeduh ee voltuh*
seat	o lugar	*loogar*
second class	segunda classe	*segoonduh klass*
sleeping car	a carruagem cama/	*karwah-jayng kah-muh/*
	o vagão-leito (Braz)	*vah-gow-leih-toh*
station	a estação	*shtassowng*
station master	o chefe da estação	*sheff dushtassowng*
ticket	o bilhete	*beel-yet*

ticket collector	o revisor	*rehvvee-zor*
	o cobrador (*Braz*)	*kobruh-dor*
timetable	o horário	*oh-rar-yoo*
tracks	as linhas férreas	*leen-yush ferr-yush*
train	o comboio/	*komboyoo/*
	o trem (*Braz*)	*train*
waiting room	a sala de	*sah-luh duh*
	espera	*shpairuh*
window	a janela	*janelluh*

When does the train for … leave?
A que horas parte o comboio/trem (*Braz*) para …?
ah-kee orush part oo komboyoo /train par-uh

When does the train from … arrive?
A que horas chega o comboio/trem (*Braz*) de …?
ah kee orush shegguh oo komboyoo/train duh

When is the next train to …?
A que horas parte o próximo comboio/trem (*Braz*) para …?
ah kee orush part oo prosseemoo komboyoo/train par-uh

When is the first/last train to …?
A que horas parte o primeiro/último comboio para …?
ah kee orush part oo preemay-roo/oolteemoo komboyoo par-uh

(*Braz*) A que horas parte o primeiro/último trem para …?
ah kee orush part oo preemay-roo/oolteemoo train par-uh

What is the fare to …?
Qual é o preço para …?
kwal eh oo preh-soo par-uh

Do I have to change?
Tenho de mudar?
ten-yoo duh moodahr

Does the train stop at …?
O comboio/trem *(Braz)* pára em …?
oo komboyoo/train pah-ruh ayng

How long does it take to get to …?
Quanto tempo demora a chegar a …?
kwantoo tempoo demoruh uh sheggahr uh

(Braz) Quanto tempo demora para chegar em …?
kwantoo tempoo demoruh par-uh sheggahr ehm …

A one-way ticket to …
Um bilhete para …
oom beel-yet par-uh

A round-trip ticket to …
Um bilhete de ida e volta para …
oom beel-yet duh eeduh ee voltuh par-uh

Do I have to pay a supplement?
Tenho que pagar suplemento?
ten-yoo kuh pagahr sooplementoo

I'd like to reserve a seat
Queria reservar um lugar
kree-uh rezairvahr oom loogahr

Could I have a window seat?
Queria um lugar à/na *(Braz)* janela, por favor?
kree-uh oom loogar ah/nah janeh-luh, poor fuh-vor

Is this the right platform for the … train?
É desta plataforma qui sai o comboio para …?
eh deshtuh plata-fohr-muh kee sye o komboyoo pahr uh

(Braz) O trem para … sai desta plataforma?
oo treng par-uh … sye deshtuh plataformuh

Is this the right train for …?
É este o comboio/trem (Braz) para …?
eh esht oo komboyoo/train par-uh

Which platform for the … train?
De que plataforma sai o comboio/trem (Braz) para …?
duh kuh plataformuh sye oo komboyoo/train par-uh

Is the train late?
O comboio/trem (Braz) está atrasado?
oo komboyoo/train shtah atrazah-doo

Could you help me with my luggage, please?
Pode-me ajudar com a minha bagagem, por favor?
pod-muh ajoodahr kong uh meen-yuh bagah-jayng, poor fuh-vor

Is this a nonsmoking compartment?
Este é um compartimento para não fumadores/fumantes (Braz)?
*esht eh oom komparteementoo par-uh nowng foomadorush/
  fuh-man-chees*

Is this seat free?
Este lugar está livre?
esht loogar shtah leevruh

This seat is taken
Este lugar está ocupado
esht loogar shtah oh-koopah-doo

I have reserved this seat
Este lugar está reservado
esht loogar shtah rezairvah-doo

May I open/close the window?
Posso abrir/fechar a janela?
possoo abreer/fushar uh janelluh

When do we arrive in …?
A que horas chegamos a …?
uh kee orush shugah-mooz uh

What station is this?
Que estação é esta?
kuh shtassowng eh eshtuh

How long do we stop here?
Por quanto tempo paramos aqui?
poor kwantoo tempoo paruh-mooz ah-kee

Do we stop at …?
Paramos em …?
paruh-mooz ayng

Is there a dining car on this train?
Este comboio/trem *(Braz)* tem carruagem restaurante?
esht komboyoo/train tayng karwah-jayng rushtoh-rant

THINGS YOU'LL SEE OR HEAR

alarme de emergência	emergency alarm
atenção	attention
atrasado	delayed
bagagem	luggage
bilhete de gare	platform ticket
bilheteira/bilheteria *(Braz)*	ticket office
câmbios	currency exchange
chefe da estação	station master
chegadas	arrivals
CP (Caminhos de Ferro Portuguêses)	Portuguese National Railroad
depósito de bagagem/ guarda volumes *(Braz)*	luggage storage office

→

dias de semana	weekdays
dias verdes	discount travel days
domingos e feriados	Sundays and public holidays
entrada	entrance
excepto aos domingos	except Sundays
fumadores/fumantes *(Braz)*	smokers
horário	timetable
informações	information
malas	suitcases
multa por uso indevido	penalty for misuse
ocupado	occupied
partidas	departures
passageiro	passenger
plataforma	platform
proibida a entrada	no entry
proibido fumar	no smoking
quiosque/ banca de jornais *(Braz)*	newsstand
reserva de lugares	seat reservation
revisor/cobrador (Braz)	ticket collector
saída	exit
sala de espera	waiting room
suplemento	supplement
vagão	car (train)

AIR TRAVEL

Major international airlines provide services to Portugal,
flying direct to such important centers as Oporto, Faro,
and Funchal in Madeira, as well as to Lisbon. It is on the
domestic flights, and at terminals, that you might need to
know some Portuguese.

You can reach Brazil by air from most countries, but flights
usually arrive in São Paulo, Rio de Janeiro, or Recife. However,
Brazil does have good internal flight connections.

USEFUL WORDS AND PHRASES

aircraft	o avião	*av-yowng*
airline	a companhia aérea	*kompan-yee-uh ah-air-yuh*
airport	o aeroporto	*ah-airoo-portoo*
airport bus	o autocarro do aeroporto/	*owtookarroo doo-ah-airoo-portoo*
	o ônibus do aeroporto (Braz)	*onee-boos doo ah-airoo-portoo*
aisle	a coxia/	*kooshee-uh/*
	o corredor (Braz)	*ko-he-door*
arrival	as chegadas	*shuh-gah-duhsh*
baggage claim	a reclamação de bagagens/	*reklamassowng duh bagah-jayngsh/*
	o recebimento de bagagens (Braz)	*re-seb-eh-men-toh duh bagah-jayngsh*
boarding pass	o cartão de embarque	*kartowng daym-bark*
check in	o check-in	*check-in*
check-in desk	o balcão de check-in	*balkowng duh check-in*
delay	o atraso	*atrah zoo*
departure	a partida	*puhr-tee-duh*
	o embarque (Braz)	*aym-bar-keh*
departure lounge	a sala de embarque	*sah-luh daym-bark*

emergency exit	a saída de emergência	*sah-eeduh duh eemer-jenss-yuh*
flight	o vôo	*voh-oo*
flight attendant *(male)*	o comissário de bordo	*koomeesar-yoo duh bordoo*
flight attendant *(female)*	a hospedeira/ a aeromoça *(Braz)*	*oshpeday-ruh/ eh-row-mow-sah*
flight number	o número de vôo	*noomeroo duh voh-oo*
gate	a porta/o portão *(Braz)* de embarque	*portuh/paw-towng daym-bark*
jet	o avião a jacto/ o avião a jato *(Braz)*	*av-yowng uh jattoo/ av-yowng uh ja-toe*
land *(verb)*	aterrar/aterrizar *(Braz)*	*aterrar/ah-te-he-zar*
passport	o passaporte	*passuh-port*
passport control	o controlo de passaportes/ o controle de passaportes *(Braz)*	*kontrol duh passuh-portsh cong-trow-lee duh passuh-portsh*
pilot	o piloto	*peeloh-too*
runway	a pista	*peesh-tuh*
seat	o lugar	*loogar*
seat belt	o cinto de segurança	*seentoo duh segooransuh*
take off *(verb)*	descolar/ decolar *(Braz)*	*deshkoolar/ deh-col-lar*
window	a janela	*janelluh*
wing	a asa	*uh-zuh*

When is there a flight to …?
Quando é que há um vôo para …?
kwandoo eh kee ah oom voh-oo par-uh

What time does the flight to … leave?
A que horas parte o vôo para …?
uh kee orush part oo voh-oo par-uh

Is it a direct flight?
É um vôo directo/direto (Braz)?
eh oom voh-oo deeretoo/deh-eto

Do I have to change planes?
Tenho que fazer transbordo?
ten-yoo kuh fazair tranj-bordoo

(Braz) Tenho que trocar de avião ?
ten-yoo kuh tro-car deh ah-veh-owng

When do I have to check in?
A que horas tenho que fazer o check-in?
uh kee orush ten-yoo kuh fazair oo check-in

I'd like a one-way/round-trip ticket to …
Queria um bilhete simples/um bilhete de ida e volta para …
kree-uh oom beel-yet seemplush/oom beel-yet duh eeduh e volta par-uh

I'd like a nonsmoking seat, please
Queria um lugar na secção de não fumadores, por favor
kree-uh oom loogar nuh sekssowng duh nowng-foomadorush, poor fuh-vor

(Braz) Queria um lugar na seção de não fumantes, por favor
kree-uh oom loogar nuh seh-sowng duh nowng fuh-man-chees, poor fuh-vor

I'd like a window seat, please
Queria um lugar à janela, por favor
kree-uh oom loogar ah janellah, poor fuh-vor

How long will the flight be delayed?
Quanto tempo é que o vôo está atrasado?
kwantoo tempoo eh kee oo voh-oo shtah atrazah-doo

Is this the right gate for the ... flight?
É esta a porta de embarque para o vôo ...?
eh esht uh portuh daym-bark par-uh oo voh-oo

(*Braz*) É este o portão de embarque para o vôo de ...?
eh eh-steh oh paw-towng daym-bark par-uh oo voh-oo duh

When do we arrive in ...?
A que horas chegamos a ...?
uh kee orush shugah-mooz uh

May I smoke now?
Posso fumar agora?
possoo foomahr agoruh

I do not feel very well
Não me sinto muito bem
nowng muh seentoo mweentoo bayng

THINGS YOU'LL SEE OR HEAR

alfândega	customs
apertar os cintos de segurança	fasten seat belts
asa	wing
aterragem/aterrissagem (*Braz*)	landing
aterragem de emergência/ aterrissagem de emergência (*Braz*)	emergency landing
avião	aircraft
comandante	captain
comissário de bordo	steward
controlo de passaportes/ controle de passaportes (*Braz*)	passport control
coxia/corredor (*Braz*)	aisle
descolagem/decolagem (*Braz*)	take-off

→

escala	intermediate stop
hora local	local time
hospedeira/aeromoça (*Braz*)	flight attendant (female)
informações	information
janela	window
não fumadores/ não fumantes (*Braz*)	nonsmokers
não fumar	no smoking
passageiros	passengers
pista	runway
porta/portão (*Braz*) de embarque	gate
saída de emergência	emergency exit
tripulação	crew
velocidade	speed
vôo directo/direto (*Braz*)	direct flight
vôo fretado	charter flight
vôo regular/ponte aérea (*Braz*)	scheduled flight

BUS, METRO, AND BOAT TRAVEL

The major Portuguese cities have good bus networks. On most buses you pay the driver as you enter. Since there is generally a flat fare, it is less expensive to buy a book of tickets called a **caderneta**. Multi-trip passes for tourists (**passes turisticos**) and monthly passes (**passes sociais**) are also available. In Brazil, buses are the main form of transportation, with good connections and frequent services. Buy tickets from the conductor at the back of the bus. Intercity buses leave from the **rodoviária**; long-distance, overnight buses, called **leitos**, are less expensive than traveling by plane.

There is an excellent long-distance bus network that serves the whole of Portugal, covering the gaps in the railroad system and giving a better connecting service between cities. The buses are comfortable, fast, and have facilities such as video and air conditioning (essential in a hot climate).

Lisbon's subway system is called the **metro**. Again, a flat fare is in operation and you can buy a **caderneta** (book of ten tickets) or a seven-day ticket (**passe**) giving unlimited travel.

Lisbon also has a tram network that covers most of the city. The same **caderneta** used on buses is also valid for use on trams.

Boats connect both sides of the Tagus river in Lisbon, and carry cars and pedestrians. Another feature of the city is the **elevadores** (elevators) that take people up the steep hills.

USEFUL WORDS AND PHRASES

adult	o adulto	*ad<u>oo</u>ltoo*
boat	o barco	*b<u>a</u>rkoo*
bus	o autocarro/	*owtoo-k<u>a</u>rroo/*
	o ônibus (*Braz*)	*onee-boos*
bus stop	a paragem do	*parr<u>a</u>h-jayng doo*
	autocarro/	*owtoo-k<u>a</u>rroo/*
	o ponto de	*pon-<u>toh</u> deh*
	ônibus (*Braz*)	*onee-boos*

child	a criança	*kree-ansuh*
conductor	o cobrador/	*kobruh-dor*
	o condutor (*Braz*)	*kondootor*
connection	a conexão	*con-ex-owng*
cruise	o cruzeiro	*kroozay-roo*
dock	o cais	*kysh*
driver	o condutor/	*kondootor/*
	o motorista (*Braz*)	*mow-toe-rees-tah*
fare	o preço	*pre-sow*
	(da passagem)	*(dah pa-sah-sheng)*
ferry	o barco de travessia/	*barkoo duh trah-veh-ssee-ah*
	o balsa (*Braz*)	*bow-el-sa*
lake	o lago	*lah-goo*
long-distance bus	o autocarro/	*owtoo-karroo/*
	o ônibus (*Braz*)	*onee-boos*
network map	o mapa	*mah-puh*
number 5 bus	o autocarro/	*owtoo-karroo/*
	o ônibus (*Braz*)	*onee-boos*
	número cinco	*noomeroo seeng-koo*
passenger	o passageiro	*passajay-roo*
port	o porto	*portoo*
river	o rio	*ree-oo*
sea	o mar	*mar*
seat	o lugar	*loogar*
ship	o navio	*nuh-vee-hoo*
station	a estação	*shtassowng*
subway	o metro	*metroo*
terminal	o terminal/	*termee-nal*
	o ponto final (*Braz*)	*pohntoh feenahl*
ticket	o bilhete/	*beel-yet/*
	a passagem (*Braz*)	*pah-sah-sheng*

Where is the nearest subway station?
Onde é a estação de metro mais próxima?
ondeh uh shtassowng duh mehtroo mysh prosseemuh

Where is the bus station?
Onde é a estação dos autocarros?
_o_ndeh uh shass_o_wng dooz owtoh-k_a_rroosh

(Braz) Onde é a estação rodoviária ?
_o_ndeh uh ah shass_o_wng row-doh-vey-_ah_-rey-ah

Where is there a bus stop?
Onde é que há uma paragem do autocarro?
_o_ndeh kee ah _oo_muh par_a_h- jayng dowtoo-k_a_rroo

(Braz) Onde é o ponto de ônibus?
_o_ndeh oh pon-toh deh onee-boos

Which buses go to …?
Que autocarros vão para …?
kee owtoh-k_a_rroosh vowng p_a_r-uh

(Braz) Que ônibus vai para …?
keh onee-boos viy p_a_r-uh

How often do the buses to … run?
De quanto em quanto tempo é que há autocarros para …?
duh kw_a_ntoo ayng kw_a_ntoo t_e_mpoo eh kee ah owtoh-k_a_rroosh p_a_r-uh

(Braz) De quanto em quanto tempo passa o ônibus para …?
duh kw_a_ntoo ayng kw_a_ntoo t_e_mpoo p_ah_-sah oh onee-boos p_a_-rah

Would you tell me when we get to …?
Pode-me avisar quando chegarmos a …?
pod-muh av_ee_zuhr kw_a_ngdoo sheg_a_hr-mooz uh

(Braz) Poderia me avisar quando chegarmos em …?
poh-deh-_ree_-ah muh av_ee_zuh kw_a_ngdoo sheg_a_hr-mooz ehm

Do I have to get off yet?
Já tenho que sair/descer (Braz)?
jah t_e_nyo kuh sah-_ee_r/deh-sser

How do you get to …?
Como é que se vai para …?
koh-moo eh kuh suh vye par-uh

Is it very far?
É muito longe?
eh mweentoo lonj

I want to go to …
Quero ir para …
kairoo eer par-uh

Do you go near …?
Passa perto de …?
passuh pairtoo duh

Where can I buy a ticket?
Onde posso comprar um bilhete?
onduh possoo komprar oom beel-yet

Please close/open the window
Não se importa de fechar/abrir a janela,
    por favor
nowng seemportuh duh fushar/abreer uh janelluh,
    poor fuh-vor

Could you help me get a ticket?
Pode-me ajudar a comprar um bilhete?
pod-muh ajoodar uh komprar oom beel-yet

When does the last bus leave?
A que horas parte o último autocarro?
uh kee orush part oo oolteemoo owtoh-karroo

(*Braz*) A que hóras sai o último ônibus?
uh kee orush saeh oo oolteemoo onee-boos

THINGS YOU'LL SEE OR HEAR

adultos	adults
bilhete/passagem (*Braz*)	ticket
caderneta	book of tickets
cheio	full
condutor/motorista (*Braz*)	driver
crianças	children
descer	to get off
entrada	entrance
lugar	seat
lugar reservado	reserved seat
módulo	ticket (in book)
mostrar	to show
mudar	to change
obliterador	ticket-stamping machine
pagar	to pay
paragem do autocarro/ ponto de ônibus (*Braz*)	bus stop
passe social	pass
picar o bilhete	stamp/punch your ticket
proibido fumar	no smoking
quebrar em caso de emergência	break in case of emergency
revisor	ticket inspector
saída	exit
saída de emergência	emergency exit
troco	change (money)

EATING OUT

Portugal and Brazil offer a variety of places to eat:

Café:
A general café that sells all kinds of food and drinks, and is well worth trying for a quick snack. Full meals are also often available.

Churrascaria:
A restaurant specializing in barbecued dishes.

Confeitaria (*Braz*):
A bakery/café that sells bread and cakes, and also serves snacks, juices, milk shakes, and coffee.

Esplanada:
A sidewalk café.

Lanchonete (*Braz*):
A café-bar selling sandwiches and light meals, as well as cakes, candy, and drinks.

Pastelaria:
A pastry shop that also serves tea, coffee, beer, sandwiches, and light snacks. In Brazil, this is a place specializing in **pasteis** (savory pastries with fillings), and other snacks, but not cakes or sweet pastries.

Restaurante:
Restaurant.

Snack-bar:
A combined café, bar, and restaurant not to be confused with the American idea of a snack bar. Service is provided at the counter or, for a little extra, at a table. There is usually a good variety of fixed-price menus at reasonable prices (look for **pratos combinados** or, in Brazil, **pratos do dia**—dish of the day).

Useful Words and Phrases

beer	a cerveja	*servay-juh*
bottle	a garrafa	*garrah-fuh*
bowl	a tigela	*teejelluh*
cake	o bolo	*boh-loo*
check	a conta	*kontuh*
chef	o cozinheiro	*koozeen-yay-roo*
coffee	o café	*kuffeh*
cup	a chávena/a xícara (*Braz*)	*shavenuh/she-ka-rah*
fork	o garfo	*garfoo*
glass	o copo	*kopoo*
knife	a faca	*fah-kuh*
menu	a ementa/o cardápio (*Braz*)	*eementuh/car-dap-eo*
milk	o leite	*layt*
napkin	o guardanapo	*gwarduh-napoo*
plate	o prato	*prah-too*
receipt	o recibo	*russeeboo*
restaurant	o restaurante	*rushtoh-rant*
sandwich	a sandes/	*sandj/*
	o sanduíche (*Braz*)	*sand-weech-eh*
snack	a refeição ligeira/	*refay-sowng leejayruh/*
	o lanche (*Braz*)	*lang-sheh*
soup	a sopa	*sohppuh*
spoon	a colher	*kool-yair*
sugar	o açúcar	*assookar*
table	a mesa	*mezuh*
tea	o chá	*sha*
teaspoon	a colher de chá	*kool-yair duh sha*
tip	a gorjeta	*goorjetuh*
waiter	o empregado de mesa/	*empregah-doo duh mezuh/*
	a garçom (*Braz*)	*gah-song*
waitress	a empregada de mesa/	*empregah-duh duh mezuh/*
	a garçonete (*Braz*)	*gah-song-etche*
water	a água	*ahg-wuh*
wine	o vinho	*veenyoo*
wine list	a lista dos vinhos	*leeshtuh doosh veenyoosh*

A table for one, please
Uma mesa para uma pessoa, por favor
<u>oo</u>muh m<u>e</u>zuh p<u>a</u>r-uh <u>oo</u>muh pess<u>o</u>h-uh, poor fuh-v<u>o</u>r

A table for two/three, please
Uma mesa para duas/três pessoas, por favor
<u>oo</u>muh m<u>e</u>zuh p<u>a</u>r-uh d<u>oo</u>-ush/tresh pess<u>o</u>h-ush, poor fuh-v<u>o</u>r

May we see the menu, please?
Pode trazer a ementa/o cardápio (Braz), por favor?
pod traz<u>ai</u>r uh eem<u>e</u>ntuh/oh car-<u>dap</u>-eo, poor fuh-v<u>o</u>r

May we see the wine list, please?
Pode trazer a lista dos vinhos, por favor?
pod traz<u>ai</u>r uh l<u>ee</u>shtuh doosh v<u>ee</u>nyoosh, poor fuh-v<u>o</u>r

Do you do children's portions?
Servem porções para crianças?
servaing poo-soyngsh pahr-uh kree-ang-sash

What would you recommend?
O que é que nos aconselha?
oo kee eh kuh nooz akons<u>e</u>ll-yuh

(Braz) O que pode sugerir?
oo kee p<u>oh</u>deh s<u>oo</u>jeh-reer

Is this suitable for vegetarians?
Isto é apropriado para vegetarianos?
eeshtoo eh aproo-pree-ahdoo pahr-uh veh-jeh-tah-ree-ahnoos

I'd like …
Queria …
kr<u>ee</u>-uh

Just a cup of coffee, please
Só um café, por favor
soh oom kuffeh, poor fuh-vor

Waiter!/Waitress!
Se faz favor!
suh fash fuh-vor

(Braz) Garçom! Garçonete!
gah-song gah-song-etche

May we have the check, please?
Pode trazer a conta, por favor?
pod trazair uh kontuh, poor fuh-vor

I only want a snack
Só quero uma refeição ligeira
soh kairoo oomuh ruffay-sowng leejay-ruh

(Braz) Só quero lanchar
soh kairoo lang-shah

Is there a fixed-price menu?
Qual é o prato do dia?
kwal eh prato doh dea

I didn't order this
Eu não pedi isto
eh-oo nowng pedee eeshtoo

May we have some more …?
Pode trazer mais …?
pod trazair mysh

The meal was very good, thank you
A comida estava óptima/ótima, obrigado
uh koomeeduh shtah-vuh ottimmuh/oh-ti-moh, obgrigah-doo

MENU GUIDE

abacate	avocado
açorda de alho	thick bread soup with garlic
açorda de marisco	thick bread soup with shellfish
açúcar	sugar
aguardentes bagaceiras	grape brandies
aguardentes velhas e preparadas	aged brandies
aipo	celery
alcachofras	artichokes
alface	lettuce
alho	garlic
alho francês	leek
almôndegas	meatballs
alperces	apricots
amêijoas	clams
amêijoas à Bulhão Pato	clams with coriander, onion, and garlic
amêijoas na cataplana	clams in a sweet tomato sauce
ameixas	plums
ameixas de Elvas	dried plums from Elvas
amêndoa amarga	bitter almond drink
amêndoas	almonds
à moda de ...	in the style of ...
ananás	pineapple
anchovas	anchovies
ao natural	plain
aperitivo	aperitif
arroz árabe	fried rice with dried nuts and fruit
arroz à valenciana	rice with chicken, pork, and seafood
arroz branco	plain rice
arroz de cabidela	rice with birds' blood
arroz de frango	chicken with rice
arroz de marisco	rice with shellfish
arroz de pato	duck with rice
arroz doce	sweet rice dessert
atum	tuna
avelãs	hazelnuts
azeitonas	olives

bacalhau à Brás	cod with egg and potatoes
bacalhau à Gomes de Sá	fried cod with onions, boiled potatoes, and eggs
bacalhau assado	grilled cod
bacalhau à Zé do Pipo	cod in egg sauce
bacalhau com natas	cod with cream
bacalhau dourado	baked cod
bacalhau na brasa	barbecued cod
banana flambée	banana flambé
batata assada	baked potato
batata a murro	small baked potato
batata palha	thinly cut french fries
batatas	potatoes
batatas cozidas	boiled potatoes
batatas fritas	french fries
batatas salteadas	boiled potatoes in butter sauce
batido/batida (*Braz*) de chocolate	chocolate milk shake
batidos/batida (*Braz*)	milk shakes
batidos/batida (*Braz*) de fruta	fruit milk shakes
bavaroise	dessert made with egg whites and cream
bem passado	well done
berbigão	clam-like shellfish
beringelas	eggplant
besugos	sea bream (fish)
beterraba	beets
bica	small black coffee
bifanas	pork slice in a roll
bife	steak
bife à cortador	thick, tender steak
bife de alcatra	rump steak
bife de atum	tuna steak
bife de javali	wild boar steak
bife de pojadouro	top round steak
bife de vaca (com ovo a cavalo)	steak (with an egg on top)
bife grelhado	grilled steak
bifes com cebolada	steak with onions
bifes de peru	turkey steaks
bife tártaro	steak tartare
bifinhos de porco	small slices of pork
bifinhos na brasa	small slices of barbecued beef

bola de carne	meatball cooked in dough
bolo de amêndoa	almond cake
bolo de chocolate	chocolate cake
bolo de nozes	walnut cake
bolo inglês	sponge cake containing dried fruits
bolo Rei	ring-shaped cake eaten at Christmas
bolos	cakes
borrego à moda do Minho	marinated lamb in the Minho style
branco	white
broas	corn cakes
cachorros/cachorro quente (*Braz*)	hot dogs
café	coffee
café pingado	espresso coffee with a touch of milk
café duplo	double espresso
café glacé	iced coffee
caldeirada	fish stew
caldo de aves	bird soup
caldo de carne	meat soup
caldo verde	cabbage soup
camarões	shrimp
canela	cinnamon
canja de galinha	chicken soup
caracóis	snails
caranguejos	crabs
carapaus de escabeche	marinated mackerel
carapaus fritos	fried mackerel
caril	curry
carioca	small weak black coffee
carne à jardineira	meat and vegetable stew
carne de porco com amêijoas	pork with clams
carne de vaca assada	roast beef
carne de vaca guisada	stewed beef
carne estufada	stewed meat
carneiro	mutton
carnes	meats
carnes frias	selection of cold meats
castanhas	chestnuts
cerejas	cherries
cerveja	beer
cerveja branca	lager

cerveja preta	bitter (beer)
chá de limão	lemon tea
chá de mentol	mint tea
chanfana de porco	pork casserole
chantilly	whipped cream
chocolate glacé	iced chocolate
chocolate quente	hot chocolate
chocos	cuttlefish
chouriço	spiced sausage
choux	cream puff
churros	long, tube-shaped fritters
cidra	cider
cimbalino	espresso coffee
civet lebre	jugged hare
cocktail de camarão	prawn cocktail
codorniz	quail
codornizes fritas	fried quail
coelho à caçador	rabbit casserole with rice
coelho de fricassé	rabbit fricassee
coelho frito	fried rabbit
cogumelos	mushrooms
cogumelos com alho	mushrooms with garlic
compota	stewed fruit
conquilhas	baby clams
coração	heart
corações de alcachofra	artichoke hearts
corvina	large sea fish
costeletas	chops
costeletas de carneiro	lamb chops
costeletas de porco	pork chops
costeletas fritas	fried chops
costeletas grelhadas	grilled chops
courgettes com creme no forno	baked zucchini with cream
courgettes fritas	fried zucchini
couve branca com vinagre	white cabbage with vinegar
couve-flor	cauliflower
couve-flor com molho branco no forno	cauliflower cheese
couve-flor com natas	cauliflower with cream
couve roxa	red cabbage
couvert	cover charge

couves de bruxelas	Brussels sprouts
couves de bruxelas com natas	Brussels sprouts with cream
couves de bruxelas salteadas	Brussels sprouts in butter sauce
couves guisadas com salsichas	stewed cabbage and sausage
cozido à portuguesa	Portuguese stew (with chicken, sausage etc)
creme de marisco	cream of shellfish soup
crepe de camarão	shrimp crêpe
crepe de carne	meat crêpe
crepe de cogumelos	mushroom crêpe
crepe de espinafres	spinach crêpe
crepe de legumes	vegetable crêpe
crepes	crêpes
crepe suzette	crêpe suzette
croquettes	meat croquettes
doce	dessert, jam, dessert made from eggs and sugar
doce de amêndoa	almond dessert
doce de ovos	custard-like dessert made from eggs and sugar
dourada	dory (sea fish)
éclair de chantilly	whipped cream éclair
éclairs de café	coffee éclairs
éclairs de chocolate	chocolate éclairs
ementa	menu
empadão de carne	large meat pie
empadão de peixe	large fish pie
encharcada	sweet made of almonds and eggs
enguias	eels
enguias fritas	fried eels
ensopado de borrego	lamb stew
ensopado de enguias	eel stew
entradas	appetizers
entrecosto	entrecôte
entrecosto com amêijoas	entrecôte with clams
entrecosto frito	fried entrecôte
ervilhas	peas
ervilhas com ovos	stewed peas with poached eggs and bacon

ervilhas rebocadas	peas in butter sauce with bacon
escalope	escalope
escalope com Madeira	escalope with Madeira wine
escalope de carneiro	mutton escalope
escalope de porco	pork escalope
escalope panado	breaded escalope
espargos	asparagus
esparguete à bolonhesa	spaghetti bolognese
esparregado	puréed spinach
espetada de leitão	suckling pig kabob
espetada de rins	kidney kabob
espetada de vitela	veal kabob
espetada mista	mixed kabob
espinafres gratinados	spinach with cheese
espinafres salteados	spinach in butter sauce
expresso	espresso coffee
faisão	pheasant
farófias	whipped egg white with cinnamon
farturas	long, tube-shaped fritters
fatias recheadas	slices of bread with fried ground beef
febras de porco	thin pork slices
feijão verde	French bean
feijoada	bean stew
fiambre caramelizado	ham coated with caramel
figos	figs
figos moscatel	muscatel figs
figos secos	dried figs
filete	fillet
filete de bife com foie gras	fillet of beef with foie gras
filetes de pescada	fillets of hake
filhozes	sugared buns
folhado de carne	meat roll with puff pastry
folhado de salsicha	sausage roll
fondue	fondue
fondue de carne	meat fondue
fondue de queijo	cheese fondue
frango	chicken
frango assado	roast chicken
frango na púcara	chicken casserole with port and almonds

frango no churrasco	barbecued chicken
frango no espeto	barbecued chicken
fruta	fruits
fruta da época	seasonal fruits
funcho	fennel
galantine de coelho	rabbit galantine
galantine de galinha	chicken galantine
galantine de vegetais	vegetable galantine
galão	large milky coffee
galinha de África	guinea fowl
galinha de fricassé	chicken fricassee
gambas	shrimp
gambas grelhadas	grilled shrimp
garoto	small milky coffee
gaspacho	chilled vegetable soup
gelado	ice cream
gelado de baunilha	vanilla ice cream
gelado de frutas	fruit ice cream
geleia	preserve
ginjinha	type of cherry brandy
groselha	currant similar to blackcurrant
hamburguer	hamburger
hamburguer com batatas fritas	hamburger and chips
hamburguer com ovo	hamburger and egg
hamburguer no pão	hamburger roll
iogurte	yogurt
iscas à portuguesa	fried liver and boiled potatoes
italiana	half an espresso
lagosta	lobster
lagosta à americana	lobster with tomato and onions
lagosta termidor	lobster thermidor
lagostins	crayfish
lampreia à moda do Minho	marinated lamprey served in the Minho style
lampreia de ovos	egg dessert shaped as a lamprey
lanche	afternoon tea
laranjas	oranges

lasanha	lasagne
leitão à Bairrada	suckling pig from Bairrada
leite	milk
leite creme	light custard with cinnamon
limonada	fresh lemon juice diluted with water
língua	tongue
língua de porco	tongue of pork
língua de vaca	tongue of beef
linguado à meunière	sole meunière
linguado grelhado/frito/no forno	grilled/fried/baked sole
lista	menu
lista de preços	price list
lombo de porco	loin of pork
lombo de vaca	sirloin
lulas com natas	stewed squid with cream
lulas fritas/guisadas/recheadas	fried/stewed/stuffed squid
maçã assada	baked apple
maçãs	apples
macedónia de frutas	fruit cocktail
mal passado	rare
manteiga	butter
manteiga de anchovas	anchovy butter
marinada	marinade
marisco	shellfish
marmelada	quince jam
marmelos	quince
marmelos assados	roast quince
mayonnaise	mayonnaise
mayonnaise de alho	garlic mayonnaise
mazagrin	iced coffee with lemon
meia de leite	large white coffee
meia desfeita	cod and chickpeas with olive oil and vinegar
meio-seco	medium dry
melancia	watermelon
melão	melon
melão com presunto	melon with ham
meloa com vinho do Porto/Madeira	small melon with port/Madeira
merengue	meringue

mexilhões	mussels
migas à alentejana	thick bread soup
mil folhas	sweet, flaky pastry
miolos	brains
miolos com ovos	brains with eggs
molho à espanhola	spicy onion and garlic sauce
molho ao Madeira	Madeira sauce
molho bearneaise	sauce made from egg yolks, lemon juice, and herbs
molho béchamel	béchamel sauce
molho branco	white sauce
molho holandês	hollandaise sauce (with fish)
molho inglês	brown sauce
molho mornay	béchamel sauce with cheese
molho mousseline	hollandaise sauce with cream
molho tártaro	tartar sauce (mayonnaise with herbs, pickles, and capers)
molho veloutée	white sauce made from egg yolks and cream
morangos	strawberries
morangos com chantilly	strawberries and whipped cream
morangos com natas	strawberries and cream
morena	beer
morena mistura branca e preta	mixture of lager and bitter
Moscatel	muscatel wine
mousse de chocolate	chocolate mousse
mousse de fiambre	ham mousse
mousse de leite condensado	condensed milk mousse
napolitanas	long, flat cookies
nêsperas	loquats (fruit)
nozes	walnuts
omolete/omelete (*Braz*)	omelette
omolete/omelete (*Braz*) com ervas	vegetable omelette
omolete/omelete (*Braz*) de cogumelos	mushroom omelette
omolete/omelete (*Braz*) de fiambre	ham omelette
omolete/omelete (*Braz*) de queijo	cheese omelette
orelha de porco vinaigrette	pig's ear in vinaigrette
ovo com mayonnaise	egg mayonnaise
ovo em geleia	egg in gelatin

MENU GUIDE

ovo estrelado	fried egg
ovo quente	soft-boiled egg
ovos escalfados	poached eggs
ovos mexidos	scrambled eggs
ovos mexidos com tomate	scrambled eggs with tomato
ovos verdes	stuffed eggs
pão de centeio	rye bread
pão de ló de Alfaizerão	sweet sponge cake
pão de ló de Ovar	sweet sponge cake
pão de milho	corn bread
pão integral	whole wheat bread
pão torrado	toasted bread
pargo	sea bream
pargo assado	roast bream
pargo cozido	boiled bream
parrilhada	fish grill
pastéis de nata	puff pastry with egg custard filling
pastéis de Tentugal	custard pie with almonds and nuts
pastelinhos de bacalhau	cod fishcakes
pataniscas	salted cod fritter
paté de aves	bird pâté
paté de fígado	liver pâté
paté de galinha	chicken pâté
pato à Cantão	Chinese style duck
pato assado	roast duck
pato com laranja	duck à l'orange
peixe	fish
peixe espada	swordfish
peixe espada com escabeche	marinated swordfish
peixinhos da horta	French bean fritter
pequeno almoço	continental breakfast
pêra bela Helena	pear in chocolate sauce
pêras	pears
percebes	kind of shellfish
perdizes fritas/de escabeche	fried/marinated partridge
perdizes na púcara	partridge casserole
perna de carneiro assada	roast leg of lamb
perna de carneiro entremeada	stuffed leg of lamb
perninhas de rã	frogs' legs
peru	turkey

peru assado	roast turkey
peru de fricassé	turkey fricassee
peru recheado	stuffed turkey
pescada cozida	boiled hake
pescadinhas de rabo na boca	whiting served with their tails in their mouths
pêssego careca	nectarine
pêssegos	peaches
petit-fours	small almond cakes
pimenta	pepper
pimentos	peppers (red or green)
piperate	pepper stew
prato da casa	specialty of the house
prato do dia	today's special
pratos combinados	mixed dishes
pregos	thin slice of steak in a roll
pudim de laranja	orange flan
pudim de ovos	egg pudding
pudim flan	type of crème caramel
puré de batata	mashed potatoes
puré de castanhas	chestnut purée
pv (preço variado)	price varies
queijo curado	cured cheese
queijo da Ilha	strong, peppery cheese from Madeira
queijo da Serra	cheese from the Serra da Estrela
queijo de cabra	goat's cheese
queijo de ovelha	sheep's cheese
queijo de Palmela	small dried cheese
queijo de Serpa	small dried cheese
queijo fresco	very mild goat's cheese
queijos	cheeses
rabanadas	French toast
raia	skate
remoulade	dressing with mustard and herbs
requeijão	curd cheese
rillete	potted pork and goose meat
rins	kidneys
rins à Madeira	kidney served with Madeira wine
rins salteados	sautéed kidneys

rissol	rissole
rissol de camarão	shrimp rissole
robalo	rock bass
rolo de carne	meat loaf
sabayon	dessert with egg yolks and white wine
sal	salt
salada de agriões	cress salad
salada de atum	tuna salad
salada de chicória	chicory salad
salada de frutas	fruit salad
salada de lagosta	lobster salad
salada de tomate	tomato salad
salada mista	mixed salad
salada russa	diced vegetable salad in mayonnaise
salmão	salmon
salmão fumado	smoked salmon
salmonetes grelhados	grilled mullet
salsicha	sausage
salsichas de cocktail	cocktail sausages
salsichas de porco	pork sausages
sandes de fiambre	ham sandwich
sandes de lombo	steak sandwich
sandes de paio	sausage sandwich
sandes de presunto	parma ham sandwich
sandes de queijo	cheese sandwich
sandes mista	mixed sandwich
santola	spider crab
santola gratinada	spider crab au gratin
sapateira	spider crab
sardinhas assadas	grilled sardines
seco	dry
selecção de queijos	selection of cheeses
sobremesas	desserts
solha	flounder
solha assada no forno	baked flounder
solha frita	fried flounder
solha recheada	stuffed flounder
sonhos	dried dough with cinnamon
sopa de agriões	cress soup
sopa de alho francês	leek soup

sopa de camarão	shrimp soup
sopa de cebola gratinada	onion soup au gratin
sopa de cogumelos	meat soup
sopa de cozido	meat soup
sopa de espargos	asparagus soup
sopa de lagosta	lobster soup
sopa de ostras	oyster soup
sopa de panela	egg-based dessert
sopa de pão e coentros	soup with bread and coriander
sopa de pedra	vegetable soup
sopa de peixe	fish soup
sopa de rabo de boi	oxtail soup
sopa de tartaruga	turtle soup
sopa dourada	egg-based dessert
sopa Juliana	vegetable soup
sopas	soups
soufflé de camarão	shrimp soufflé
soufflé de chocolate	chocolate soufflé
soufflé de cogumelos	mushroom soufflé
soufflé de espinafres	spinach soufflé
soufflé de peixe	fish soufflé
soufflé de queijo	cheese soufflé
soufflé gelado	ice cream soufflé
sumo de laranja	orange juice
sumo de limão	lemon juice
sumo de maçã	apple juice
sumo de tomate	tomato juice
tarte de amêndoa	almond tart
tarte de cogumelos	mushroom quiche
tarte de limão	lemon tart
tarte de maçã	apple tart
tinto	red
tomates recheados	stuffed tomatoes
toranja	grapefruit
torresmos	small rashers of bacon
tortilha	Spanish omelette (with potato)
tosta	toasted sandwich
tosta mista	ham and cheese toasted sandwich
toucinho do céu	egg dessert
trufas de chocolate	chocolate truffles

MENU GUIDE

truta	trout
truta assada no forno	baked trout
truta cozida	boiled trout
truta frita	fried trout
uvas brancas/pretas	white/black grapes
uvas moscatel	muscatel grapes
veado assado	roast venison
vieiras recheadas	stuffed scallops
vinagre de estragão	tarragon vinegar
vinho branco	white wine
vinhos espumantes	sparkling wines
vinho tinto	red wine
vinho verde	slightly sparkling wine
xarope	syrup
xarope de groselha	blackcurrant syrup
xarope de morango	strawberry syrup

Brazilian Menu Guide

abacaxi	pineapple
acarajé	fried bean dumpling
água-de-coco	coconut water
angu	polenta
bacalhoada	baked salt cod with potato and pepper
bife	steak
bobó de camarão	mashed cassava and shrimp
cachaça	spirit made from sugar cane
cafezinho	small black coffee
caipirinha	cocktail of cachaça, lemon, and sugar
caldo de cana	sugarcane juice
carne de boi/vaca	beef
carne de sol	dried salt beef
chopp	draft beer
churrasco	barbecued meat
cocada	dessert made of coconut
couve a mineira	finely chopped spring greens (kale)
coxinha de galinha	fried chicken dumpings

damasco	apricot
dendê	palm oil
empadinha	pie
farofa	side dish of cassava flour and eggs
feijão preto	black beans
feijão tropeiro	dish made with beans, cassava flour, and eggs
feijoada	black bean and mixed meat stew
galinha/frango	chicken
goiaba	guava
guaraná	soft drink made from an Amazonian plant
linguiça	sausage
mamão	papaya
mandioca/aipim	cassava
maracujá	passion fruit
moqueca	fish or shrimp stew
palmito	palm heart
pão de queijo	bread made with cassava flour and cheese
pastel	thin fried pasty with various fillings
pirão	savory cream (with meat or fish juices)
porco	pork
pudim	creme caramel
queijo minas	mild cheese
quibe	deep fried ground meat
quindim	dessert made with coconut, sugar, and eggs
rodízio	unlimited helping of barbecued meats (carved at the table)
salgadinho	savory filled pastries
siri	crab
sopa de aves	bird soup
sopa de carne	meat soup
sopa verde	cabbage soup
tutu	mashed beans with hard-boiled eggs and bacon
vatapá	spicy thick cream with bread, coconut milk, shrimp, and nuts
vitaminas	milk shake
xinxim de galinha	chicken with shrimp and peanuts

SHOPPING

The usual opening hours are 9 AM to 1 PM and 3 PM to 7 PM.
Most stores close at 1 PM on Saturdays. In major cities,
shopping centers (**Centro Comercial**) are open from 10 AM
to midnight seven days a week.

In all Brazilian cities there are a good many shopping centers
that are open seven days a week from 10 AM to 10 PM. Unlike
Portugal, stores do not tend to shut for afternoon siesta.

USEFUL WORDS AND PHRASES

audio equipment	o equipamento de som	*eekeepamentoo duh song*
bakery	a padaria	*padduh-ree-uh*
bookstore	a livraria	*leevraree-uh*
butcher	o talho/ o açougue (*Braz*)	*talyoo/ ah-sooh-geh*
buy (*verb*)	comprar	*komprahr*
cash register	a caixa	*kye-shuh*
department store	os grandes armazéns	*grandz armazayngsh*
fashion	a moda	*modduh*
fish market	a peixaria	*payshuh-ree-uh*
florist	a florista	*floreeshtuh*
grocer	a mercearia/ o armazém (*Braz*)	*mersee-uh-ree-uh/ ar-mah-zeng*
hardware store	o ferreiro	*ferray-roo*
inexpensive	barato	*barah-too*
menswear	a roupa de homen	*roh-puh dommayng*
newsstand	a tabacaria/ a banca de jornal (*Braz*)	*tabakuh-ree-uh/ bahn-kah deh johr-nahl*
pastry shop	a pastelaria/ a confeitaria (*Braz*)	*pashtulluh-ree-uh/ cong-fate-ah-re-ah*
pharmacy	a farmácia	*farmass-yuh*

receipt	a factura/	*faktooruh/*
	o recibo *(Braz)*	*reh-see-bow*
record store	a discoteca/	*deeshkootekkuh/*
	a loja de discos *(Braz)*	*low-sha deh dis-cos*
sale	os saldos	*saldoosh*
shoe store	a sapataria	*sapatuh-ree-uh*
go shopping	ir às compras	*eer ash komprush*
souvenir shop	a loja de artigos	*lojjuh darteegoosh*
	regionais/	*rej-yoo-nysh/*
	a loja de	*lojjuh deh*
	lembranças *(Braz)*	*leng-bran-sas*
special offer	a oferta especial	*offair-tuh shpuss-yal*
spend	gastar	*gash-tahr*
stationery store	a papelaria	*pappeluh-ree-uh*
store	a loja	*lojjuh*
supermarket	o supermercado	*sooper-mer-kah-doo*
tailor	a alfaiataria	*alfye-attuh-ree-uh*
toy store	a loja de brinquedos	*lojjuh duh breenkeh-doosh*
travel agent	a agência de viagens	*ajenss-yuh duh vee-ah-jayngsh*
women's wear	a roupa de senhora	*roh-puh duh sen-yoruh*

Where is there a … (store)?
Onde é o/a … (loja)?
ondeh oo/uh … (lojjuh)

Where is the shopping area?
Onde é a área comercial?
ondeh uh ahree-uh koomersee-ahl

Where is the … department?
Onde é a secção de …?
ondeh uh seksowng duh

Do you have …?
Tem …?
tayng

How much is this?
Quanto é que isto custa?
kw<u>a</u>ntoo eh kee <u>ee</u>shtoo k<u>oo</u>shtuh

Do you have any more of these?
Tem mais destes?
tayng mysh d<u>e</u>stush

Do you have anything less expensive?
Tem alguma coisa mais barata?
tayng alg<u>oo</u>muh k<u>o</u>yzuh mysh bar<u>a</u>h-tuh

Do you have anything larger?
Tem maior?
tayng may-<u>o</u>r

Do you have anything smaller?
Tem mais pequeno/Tem menor *(Braz)*?
tayng mysh pek<u>e</u>h-noo/tayng meh-n<u>o</u>r

Can I try it (them) on?
Posso experimentar?
p<u>o</u>ssoo shpheree-ment<u>a</u>hr

Does it come in other colors?
Tem outras cores?
tayng <u>o</u>h-trush k<u>o</u>rush

That's fine
Está bem
sht<u>a</u>h b<u>a</u>yng

I'd like to change this, please
Queria trocar isto, por favor
kree-uh trookahr eeshtoo, poor fuh-vor

May I have a refund?
Pode-me/Pode (Braz) devolver o dinheiro?
pod-muh/poh-deh duvvolvair oo deen-yay-roo

Where do I pay?
Onde é que se paga?
ondeh kuh suh pah-guh

May I have a receipt?
Pode-me/Poderia (Braz) dar uma factura/um recibo (Braz),
  por favor?
*pod-muh/poh-deh-ree-ah dar oomuh faktooruh/oom heh-see-bow,
  poor fuh-vor*

Do you take credit cards?
Aceita cartões de crédito?
asay-tuh car-tow-eensh de credee-too

Could you wrap it for me?
Pode-me/Poderia (Braz) embrulhar isto?
pod-muh/poh-deh-ree-ah embrool-yar eeshtoo

May I have a bag, please?
Pode-me/Poderia me dar um saco/uma sacola (Braz), por favor?
pod-/poh-deh-ree-ah muh dar oom sakoo/oomah sa-ko-la, poor fuh-vor

I'm just looking
Estou só a ver
shtoh soh uh vair

(Braz) Estou só olhando
es-toe so ah-li-an-do

I'll come back later
Volto mais tarde
voltoo mysh tard

Things You'll See

agência de viagens	travel agent
banco de jornais (*Braz*)	newsstand
barato	inexpensive
caro	expensive
cave/subsolo (*Braz*)	basement
confecções de criança/ moda infantil (*Braz*)	children's wear
confecções de homem/ moda masculina (*Braz*)	menswear
confecções de senhora/ moda feminina (*Braz*)	women's wear
desconto	discount
drogaria	drugstore
gelataria/sorveteria (*Braz*)	ice cream shop
livraria	bookstore
loja de brinquedos	toy store
material de escritório	office supplies
mercearia	fruits and vegetables seller
moda	fashion
oferta especial	special offer
padaria	bakery
papelaria	stationery store
pastelaria	pastry shop
preço	price
preços reduzidos	reduced prices
pré-pagamento	pay before you eat
primeiro andar	second floor
primeiro piso	second floor
produtos alimentares	groceries

→

qualidade	quality
rés-do-chão/térreo *(Braz)*	first floor
sapataria	shoe store
secção/seção *(Braz)*	department
tabacaria	newsstand

Things You'll Hear

É favor não mexer
(Braz) **Por favor não tocar**
Please don't touch

Já foi atendido?
Are you being served?

É tudo o que temos
This is all we have

Não devolvemos o dinheiro
We cannot give cash refunds

Não tem mais pequeno?
(Braz) **Não tem menor?**
Do you have anything smaller? (money)

Por favor utilize um carrinho/cesto
Please take a cart/basket

Tenho muita pena mas não há mais
(Braz) **Desculpe, mas está fora de estoque**
I'm sorry, we're out of stock

AT THE HAIR SALON

In addition to ordinary hair salons, there are also hairstyling salons to be found in all new Portuguese shopping centers. These salons are open from 10 AM to midnight all week, including Sundays. There are only a few unisex salons.

Most hair salons in Brazil are unisex, but there are also many traditional men's barbershops.

USEFUL WORDS AND PHRASES

appointment	a marcação/	*markassowng/*
	a hora marcada (*Braz*)	*or-a mar-ka-dah*
beard	a barba	*barbuh*
blond	louro	*loh-roo*
brush	a escova	*shkovuh*
comb	o pente	*pent*
conditioner	o creme amaciador/	*krem amass-yuh-dor/*
	o condicionador (*Braz*)	*con-dis-eon-ador*
curlers	os rolos/o bobe (*Braz*)	*roloosh/bo-bay*
curling iron	o ferro de frisar	*ferroo duh freezahr*
curly	encaracolado	*ayng-karakoolah-doo*
dark	escuro	*shkooroo*
fringe	a franja	*franjuh*
gel	o gel	*jell*
hair	o cabelo	*kabeh-loo*
haircut	o corte de cabelo	*kort duh kabeh-loo*
hairstylist	o cabeleireiro,	*kublay-ray-roo,*
	a cabeleireira	*kublay-ray-ruh*
hair dryer	o secador	*seh-kador*
highlights	as madeixas/	*maday-shush/*
	as mechas (*Braz*)	*may-shas*
long	comprido	*kompreedoo*
mustache	o bigode	*beegod*
part	o risco/	*reeshkoo/*
	o repartido (*Braz*)	*rey-pah-te-doh*

perm	a permanente	*permanent*
shampoo	o champô/	*shampoh/*
	o shampoo (*Braz*)	*shampooh*
shave (*verb*)	barbear	*barbee-ahr*
shaving cream	a espuma de	*shpoomuh duh*
	barbear	*barbee-ahr*
short	curto	*koortoo*
wavy	ondulado	*ondoolah-doo*

I'd like to make an appointment
Queria fazer uma marcação
kree-uh fazair oomuh markassowng

(*Braz*) Queria marcar uma hora
kree-uh mah-car um-ah or-a

Just a trim, please
Queria só cortar as pontas, por favor
kree-uh soh koortahr ush pontush, poor fuh-vor

Not too much
Não corte muito
nowng kort mweentoo

A bit more off here, please
Corte um pouco mais aqui, por favor
kort oom poh-koo myze akee, poor fuh-vor

I'd like a cut and blow-dry
Queria cortar e fazer brushing/escova (*Braz*)
kree-uh koortahr ee fazair brushing/es-ko-va

I'd like a perm
Queria fazer uma permanente
kree-uh fa-se-ah oomuh permanent

THINGS YOU'LL SEE OR HEAR

barbeiro	barber
cabeleireiro/cabeleireira	hairstylist
cabeleireiro de homens/ barbeiro (Braz)	men's hairstylist
cabeleireiro de senhoras	women's salon
cabeleireiro unisexo/ cabeleireiro unissex (Braz)	unisex salon
espigado	split ends
fazer a barba	shave
fazer brushing/escova (Braz)	to blow-dry
laca/laquê (Braz)	hair spray
lavar e pentear/ lavar e fazer escova (Braz)	wash and set
oleoso	oily
permanente	perm
peruca	wig
salão de cabeleireiro	hair salon
secar com secador de mão	to blow-dry
seco	dry
tinta	tint

SPORTS

Thanks to Portugal's excellent climate, almost all outdoor sports are well catered for. The Algarve and Lisbon coasts provide especially good opportunities for swimming, water-skiing, paragliding, sailing, fishing, and windsurfing. The northwest coast with its rougher sea is not so inviting.

A flag warning system operates on most beaches: red for dangerous conditions, yellow for caution, and green for all clear. You may also see a blue flag, which indicates a beach meets EU standards for health and safety. It is advisable to swim within the designated areas (**zona de banhos**) where the lifeguard (**salva-vidas**) keeps an eye on the swimmers. Avoid the danger areas (**zona perigosa**). Renting equipment poses no problem and most things are available at reasonable prices.

Golf can be played all year round at courses in the Lisbon area and at nearly all of the major beach resorts. The famous Penina course in the Algarve is a championship venue and caters especially for golfing vacations. Tennis courts can be found in most places, but the majority of them belong to hotels or private clubs. Squash is rapidly becoming more popular, but again most courts belong to private organizations.

In Brazil, soccer is the most common sport; even the smallest village will have at least one playing field. Soccer and volleyball are also often played on the beach.

USEFUL WORDS AND PHRASES

athletics	o atletismo	*atlete̲ej-moo*
badminton	o badminton	*'badminton'*
ball	a bola	*bo̲lluh*
beach	a praia	*pry̲-uh*
beach umbrella	o guarda-sol	*guahr-duh sol*
bicycle	a bicicleta	*beesseekle̲ttuh*
canoe	a canoa	*kano̲h-uh*

deck chair	a cadeira de lona/	*kadayruh duh lonnuh/*
	a cadeira de praia *(Braz)*	*kadayruh duh prayah*
diving board	a prancha	*prang-shah*
fishing	a pesca	*peshkuh*
fishing rod	a cana de pesca/	*kah-nuh duh peshkuh/*
	a vara de pesca *(Braz)*	*va-rah duh peshkuh*
flippers	as barbatanas	*barbatah-nush*
goggles	os óculos	*okkooloosh*
golf	o golfe	*'golf'*
golf course	o campo de golfe	*kampoo duh golf*
gymnastics	a ginástica	*jeenash-tikkuh*
harpoon	a espingarda	*shpeengarduh*
	submarina	*soobmareenuh*
hockey	o hóquei	*okkay*
jogging	o jogging	*'jogging'*
lake	o lago	*lah-goo*
mountaineering	o alpinismo	*alpeeneej-moo*
oxygen bottles	as garrafas de	*garrah-fush dee*
	oxigénio	*oksee-jenyoo*
pedal boat	a gaivota	*gye-vottuh*
racket	a raqueta/	*rakettuh/*
	a raquete *(Braz)*	*rak-etche*
riding	a equitação	*eekeetassowng*
rowboat	o barco a remos	*barkoo uh reh-moosh*
run *(verb)*	correr	*koorair*
sailboard	a prancha de	*pranshuh duh*
	windsurf	*'windsurf'*
sailing	fazer vela/	*fazair velluh/*
	velejar *(Braz)*	*ve-leh-jah*
sand	a areia	*arayyuh*
sea	o mar	*mar*
skate *(verb)*	patinar	*pateenar*
skates	os patins	*pateensh*
skin diving	mergulhar	*mergool-yahr*
snorkel	o respirador	*rushpeerador*
	aquático	*akwattikoo*

soccer	o futebol	*foot-boll*
soccer match	o jogo de futebol	*joh-goh duh foot-boll*
stadium	o estádio	*shtahd-yoo*
swim	nadar	*nadahr*
swimming pool	a piscina	*peesh-seenuh*
tennis	o ténis	*teneesh*
tennis court	o campo de ténis/	*kampoo duh tenneesh/*
	o campo de tênis *(Braz)*	*kampoo duh teh-nis*
tennis racket	a raqueta de ténis/	*rakettuh duh tenneesh/*
	a raquete de tênis *(Braz)*	*rak-etche teh-nis*
tent	a barraca	*ba-hak-er*
underwater fishing	a pesca submarina	*peshkuh soobmaree-nuh*
volleyball	o voleibol	*vollay-boll*
water-skiing	o esqui aquático	*shkee akwattikoo*
water skis	os esquis aquáticos	*shkeez akwattikoosh*
wave	a onda	*onduh*
wet suit	o fato isotérmico/	*fah-too ezzootairmeekoo/*
	a roupa de mergulho *(Braz)*	*row-pah de meh-goo-low*
windsurfing	o windsurf	*'windsurf'*
yacht	o iate	*yat*

How do I get to the beach?
Como é que se vai para a praia?
koh-moo eh kuh suh vye prah pry-uh

(Braz) Como chego na praia?
koh-moo sheh-go nah pry-uh

Is the water very deep here?
A água aqui é muito funda?
uh ahg-wuh akee eh mweentoo foonduh

Is there an indoor/outdoor pool here?
Há aqui uma piscina coberta/ao ar livre?
ah ak<u>ee</u> oomuh peesh-s<u>ee</u>nuh koob<u>ai</u>rtuh/ow ar l<u>ee</u>vruh

Is it safe to swim here?
Pode-se nadar aqui?
p<u>o</u>d-suh nad<u>a</u>hr ak<u>ee</u>

Can I fish here?
Posso pescar aqui?
p<u>o</u>ssoo pushk<u>a</u>r ak<u>ee</u>

Do I need a license?
Preciso de uma licença?
press<u>ee</u>zoo d<u>oo</u>muh leess<u>e</u>nsuh

I would like to rent a beach umbrella
Queria alugar um guarda-sol
kr<u>ee</u>-uh aloog<u>a</u>hr oom gu<u>a</u>r-duh sol

How much does it cost per hour/day?
Quanto custa por hora/dia?
kw<u>a</u>ntoo k<u>oo</u>stuh poor <u>o</u>ruh/poor d<u>ee</u>-uh

I would like to take water-skiing lessons
Queria ter lições de esqui aquático
kr<u>ee</u>-uh tair lees<u>oy</u>nsh dushk<u>ee</u> akw<u>a</u>ttikoo

(*Braz*) Queria fazer aulas de esqui aquático
kr<u>ee</u>-uh fah-z<u>e</u>hr aw-lahs dushk<u>ee</u> akw<u>a</u>ttikoo

Where can I rent ...?
Onde posso alugar ...?
<u>o</u>nduh p<u>o</u>ssoo aloog<u>a</u>hr

THINGS YOU'LL SEE OR HEAR

aluguer de barcos/ aluga-se barcos (*Braz*)	boat rental
aluguer de guarda-sois / aluga-se guarda-sois (*Braz*)	beach umbrellas for rent
aluguer de gaivotas/ alugua-se pedalinho (*Braz*)	pedal boat rental
apanhar banhos de sol/ tomar sol (*Braz*)	to sunbathe
bronzeador	suntan lotion
campo de golf	golf course
campo de ténis	tennis court
clube de golfe	golf club
clube de ténis	tennis club
fazer surf	to surf
fazer vela	to sail
fazer windsurf	to windsurf
mergulhar	to go diving
montar a cavalo	to go (horseback) riding
nadar	to swim
perigo	danger
pesca submarina	underwater fishing
piscina	swimming pool
piscina coberta	indoor swimming pool
primeiros socorros	first aid
proibido acampar	no camping
proibido nadar	no swimming
proibido pescar	no fishing
proibido nadar	keep out of the water
remar	to row
salva-vidas	lifeguard
surfar (*Braz*)	to surf
velajar (*Braz*)	to sail
zona balnear	swimming area
zona perigosa	danger zone

POST OFFICES AND BANKS

Post offices in Portugal can be found by looking for either the word **correios** (post office) or, more frequently, a sign with the letters **CTT** in red. Stamps can be bought in post offices, hotels, and tobacco shops. Mailboxes are red. Post offices are usually open between 9 AM and 6 PM, although small post offices close for lunch.

Most banks are open from 8:30 AM until 3 PM Monday to Friday, with some larger ones open until 6 PM. While service in banks can be slow, they do offer better exchange rates for foreign currency, Eurocheques, and traveler's checks than hotels or exchange offices. Electronic currency exchange machines, found outside most large banks and in major airports and railroad stations, are also useful. Credit card cash advances can be drawn in banks and at **MB** (**Multibanco**) machines, which are located outside most banks. Paying by credit card is often possible in cities but should not be relied upon elsewhere.

The Portuguese unit of currency is the common European currency, the **euro** (*ayooro*). One **euro** is divided into 100 **cêntimos** (*sentimosh*), and the coins come in 1, 2, 5, 10, 20, and 50 **cêntimos**; 1 and 2 **euros**. Bills are available in 5, 10, 20, 50, 100, 200, and 500 **euros**.

In Brazil, post offices can be identified by a yellow sign with the word **correios**; mailboxes, too, are yellow. The Brazilian currency is the **real** (*hey-al*)—plural **reais** (*hey-ice*), which is divided into 100 **centavos**. Money can be changed at major banks, large hotels, and travel agencies as well as at airports. For the best exchange rates, look for **casa de câmbio**. You can also obtain cash advances on major credit cards at most banks in the cities or at ATMs. Most banks open from Monday to Friday; exchange departments often close at 2 or 3 PM.

Useful Words and Phrases

ATM	a caixa automática	*kee-shuh awtoo-ma-tee-kuh*
airmail	o correio aéreo	*koorayoo ah-airee-oo*
bank	o banco	*bahn-coo*
bill *(banknote)*	a nota	*no-tuh*
change *(noun)*	o troco	*troh-coo*
(verb)	trocar	*troo-car*
collection	a tiragem/a coleta *(Braz)*	*teerah-jayng/kor-let-ah*
counter	o balcão	*balkowng*
credit card	o cartão de crédito	*car-twong deh credee-too*
currency exchange	o câmbio	*kamb-yoo*
customs form	o impresso de alfândega	*eempressoo duh alfandugguh*
delivery	a distribuição	*deeshtreeb-weesowng*
deposit *(noun)*	o depósito	*deh-po-zee-too*
(verb)	depositar	*deh-poo-zee-tar*
dollar	o dólar	*do-lahr*
exchange rate	a taxa de câmbio	*tashuh deh kamb-yoo*
form	o impresso/	*eempressoo*
	o formulário *(Braz)*	*formuhlahrio*
general delivery	a posta-restante	*poshtuh rushtant*
letter	a carta	*kartuh*
letter carrier	o carteiro	*kartayroo*
mailbox	o marco do correio/	*markoo doo koorayoo*
	a caixa do correio *(Braz)*	*cay-sha do cor-hay-oh (Braz)*
money order	o vale postal	*val possh-tal*
post	o correio	*koorayoo*
postage rates	as tarifas postais	*tarree-fush poosh-tysh*
postcard	o postal/	*pooshtal*
	o cartão postal *(Braz)*	*kartang pooshtal*
post office	os correios	*koorayoosh*
registered letter	a carta registada	*kartuh rejeeshtah-duh*
stamp	o selo	*seh-loo*

surface mail	via terrestre	*vee-uh teh-rresh-truh*
withdraw	levantar	*leh-vahn-tar*
(money)	(dinheiro)	*deengheiroh*
withdrawal	o levantamento	*leh-vahn-tuh-mehn-too*
zip code	o código postal	*koddigoo pooshtahl*

How much is a letter/postcard to …?
Quanto custa uma carta/um postal/cartão postal (*Braz*) para …?
kwantoo kooshtuh oomuh kartuh/oom pooshtal/kartang pooshtal par-uh

I would like three 50 cent stamps
Queria três selos de cinquenta cêntimos
kree-uh tresh seh-loosh duh seeng-kwentuh sentimosh

(*Braz*) Queria três selos de um real
kree-uh tresh seh-loosh duh oom hay-al

I want to register this letter
Quero mandar esta carta registada
kairoo mandahr estuh kartuh rejeeshtah-duh

I want to send this package to …
Quero mandar esta encomenda para …
kairoo mandahr eshtuh enkoomenduh par-uh

How long does the mail to … take?
Quanto tempo demora para esta carta chegar a …?
kw-on-toh tem-poh deh-mor-ah pa-ra es-tah car-ta shay-gah

Where can I mail this?
Onde posso pôr isto no correio?
onduh possoo por eeshtoo noo koorayoo

Is there any mail for me?
Há algum correio para mim?
ah algoom koorayoo par-uh meeng

I'd like to send a fax
Queria mandar um fax
kr<u>ee</u>-uh mand<u>a</u>hr oom fax

This is to go airmail
Quero mandar isto por correio aéreo
k<u>ai</u>roo mand<u>a</u>hr <u>ee</u>shtoo poor koor<u>a</u>yoo ah-<u>a</u>iree-oo

Could you change this into 20-euro bills?
Pode trocar isto em notas de vinte euros?
pod troo-c<u>a</u>r <u>ee</u>shtoo ayn n<u>o</u>-tush deh veent ay<u>oo</u>rosh

(Braz) Pode trocar isto em notas de dez reais?
pod troo-c<u>a</u>r <u>ee</u>shtoo ayn n<u>o</u>-tush deh dez hay-<u>ice</u>

I'd like to cash these traveler's checks
Queria trocar estes cheques de viagens
kr<u>ee</u>-uh troo-c<u>a</u>r <u>e</u>sh-tsheh sh<u>e</u>h-keh deh vee<u>a</u>-jainsh

What is the exchange rate for the dollar?
Qual é a taxa de câmbio para o dólar?
kw<u>a</u>-leh eh uh t<u>a</u>shuh deh c<u>a</u>hm-bee-oo p<u>a</u>h-ruh oo d<u>o</u>-lahr

Can I draw cash with this credit card?
Posso levantar/tirar *(Braz)* dinheiro com este cartão
  de crédito?
*p<u>o</u>ssoo leh-van-t<u>a</u>r/tear-ah deen-h<u>a</u>y-roo kohm eshteh c<u>a</u>r-twong
  deh cr<u>e</u>dee-too*

I'd like smaller bills
Queria notas mais pequenas
kr<u>ee</u>-uh n<u>o</u>-tash m<u>ee</u>sh pehk<u>e</u>n-nash

(Braz) Queria notas menores
kr<u>ee</u>-uh n<u>o</u>-tash men-or-res

THINGS YOU'LL SEE OR HEAR

banco	bank
caixa	cashier
caixa automática	ATM
câmbio	currency exchange
carta	letter
carta expressa	express letter
código postal	zip code
correio aéreo	airmail
correios (CTT)	post office
depósitos	deposits
destinatário	addressee
direcção/endereço (*Braz*)	address
encomenda	package
franquia	postage
horário de abertura	opening hours
levantamentos/saques (*Braz*)	withdrawals
localidade	place, town
moeda extrangeira	foreign currency
por avião	by airmail
posta-restante	general delivery
preencher	to fill in
registos/carta registrada (*Braz*)	registered mail
remetente	sender
selos	stamps
tarifas	charges
taxas de câmbio	exchange rates
telefone	telephone
tiragem/coleta (*Braz*)	collection
trocar	to change/exchange
vale postal internacional	international money order
via superfície	surface mail

COMMUNICATIONS

Telephones: New telephone booths in Portugal are blue and orange, older ones metallic gray. Most countries can be dialed directly; codes are usually displayed inside the phone booth. To call the US, dial 001.

All post offices have telephone booths. To make a call from one of these, you must ask for a line at the counter and pay the assistant after making the call. There are also payphones in bars and restaurants, but these cannot be used for international calls.

The tones you hear on Portuguese phones are: dial tone—same as in the US; ringing tone—repeated long tone; busy signal—rapid pips.

In Brazil, public telephones have distinctive conch-shaped covers—red for local calls and blue for long-distance. To operate, use **fichas** (tokens) or **cartão telefónica** (phonecards), available at newsstands.

USEFUL WORDS AND PHRASES

call *(noun)*	a chamada telefónica telefónica	*shamah-duh tulluh-fonnikuh*
(verb)	telefonar	*tulluh-foonahr*
code	o indicativo/ o código *(Braz)*	*eendeekuh-teevoo/ coh-de-go*
collect call	a chamada paga no destinatário/ a chamada a cobrar *(Braz)*	*shamah-duh pah-guh noo dushteenatar-yoo/ sha-mah-da ah ko-bra*
crossed line	as linhas cruzadas	*leenyush kroozah-dush*
dial *(verb)*	marcar/discar *(Braz)*	*markahr/dees-kahr*
dial tone	o sinal de chamada	*seenal deh shumah-duh*
directory assistance	as informações	*eenfoormuh-soyngsh*
email address	o endereço de email	*endeh-re-soo deh ee-mayl*
emergency	a emergência	*eemer-jenss-yuh*
extension	a extensão	*eeshtensowng*

international call	a chamada internacional	*shamah-duh eenternass-yoonal*
number	o número	*noomeroo*
operator	a telefonista	*tulluh-fooneeshtuh*
payphone	o telefone público/ o orelhaõ (Braz)	*tulluh-fonn pooblikoo/ oh-reh-lee-aw*
phone book	a lista telefónica/ a lista telefônica (Braz)	*leeshtuh tulluh-fonnikuh/lees-tah teh-leh-foh-nee-ka*
touch-tone telephone	o telefone automático	*tulluh-fonn owto-mattikoo*
receiver	o auscultador/ o monofone (Braz)	*owshkooltuh-dor/ mo-noh-foh-nee*
telephone	o telefone	*tulluh-fonn*
telephone booth	a cabina telefónica/ o orelhaõ (Braz)	*kabeenuh tulluh-fonnikuh/ oh-reh-lee-aw*

Where is the nearest phone booth?
Onde fica a cabina telefónica/o orelhaõ(Braz) mais próxima?
onduh feekuh uh kabeenuh tulluh-fonnikuh/oo oh-reh-lee-aw mysh prossimuh

Hello, this is … speaking
Está, é o/a …
shtah, eh oo/uh

(Braz) Alô, aqui é o/a …
ah-low, a-key eh oh/ah

Is that …?
É o/a …?
eh oo/uh

I would like to speak to …
Queria falar com …
kree-uh falahr kong

Speaking

É o próprio *(said by man)*
eh oo propree-oo

É a própria *(said by woman)*
eh uh propree-uh

(Braz) É ele *(said by man)*
eh er-lee

(Braz) É ela *(said by woman)*
eh er-la

Extension ..., please
Extensão/Ramal *(Braz)* ... por favor
eeshtensowng/Rah-mawl ... poor fuh-vor

Please tell him ... called
Faz favor de dizer que telefonou o/a ...
fash fuh-vor duh deezair kuh tulluh-foonoh oo/uh

Ask him to call me back, please
Faz favor de lhe dizer para me telefonar
fash fuh-vor dul-yuh deezair paruh muh tulluh-foonahr

My number is ...
O meu número de telefone é o ...
oo meh-oo noomeroo duh tulluh-fonn eh oo

Do you know where he is?
Sabe onde é que ele está?
sahb ondee eh kee ehl shtah

When will he be back?
Quando é que ele regressa/volta *(Braz)*?
kwandoo eh kee ehl regressuh/vol-ta?

Could you leave him a message?
Pode-lhe deixar um recado?
podl-yuh dayshahr oom rekah-doo

Sorry, I've got the wrong number
Desculpe, enganei-me no número
dushkoolp, enganay-muh noo noomeroo

(Braz) Desculpe, foi engano
dushkoolp, foy en-gah-noh

I'll call back later
Volto a telefonar mais tarde
voltoo uh tulluh-foonar mysh tard

Is there a phone book?
Tem uma lista telefónica/telefônica *(Braz)*?
tayng oomuh leeshtuh tulluh-fonnikuh/teh-leh-foh-nee-ka

I would like the phone book for …
Queria a lista telefónica/telefônica *(Braz)* de …
kree-uh uh leeshtuh tulluh-fonnikuh/teh-leh-foh-nee-ka duh

Can I call abroad from here?
Posso telefonar daqui para o estrangeiro/exterior *(Braz)*?
possoo tulluh-foonahr dakee proh shtran-jayroo/ex-teh-re-or

How much is a call to …?
Quanto custa uma chamada para …?
kwantoo kooshtuh oomuh shamah-duh par-uh

I would like to make a collect call
Queria que a chamada fosse paga no destinatário
kree-uh kee uh shamah-duh foss pah-guh noo dushteenatar-yoo

(Braz) Queria que a chamada fosse a cobrar
kree-uh kee uh shamah-duh foss ah coh-bra

I would like a number in …
Queria um número em …
kree-uh oom noomeroo ayng

How do I get an outside line?
Como posso obter ligação ao exterior?
komoo possoo obtehr leegah-ssowng au esh-teh-ree-or

What's your fax number/email address?
Qual é o seu número de fax/endereço de email?
kwal eh oo she-oo noo-meyro deh fax/endeh-re-soo deh ee-mayl

Did you get my fax/email?
Recebeu o meu fax/email?
reh-she-beu oo meh-oo fax/ee-mayl

Can I send an email/fax from here?
Posso enviar um email/um fax daqui?
possoo envee-ahr oom ee-mayl/man-dahr oom fax duh-kee

Can I use the fax machine/photocopier?
Posso usar o fax/a fotocopiadora/máguina de Xérox® (Braz)?
possoo oozarh oo fax/ah foto-ko-pee-ah-do-uh/mahkeenah deh sherox

---

THINGS YOU'LL SEE

112 – emergências (*Portugal only*)	emergency number
190 – (*police, Brazil only*)	
192 – (*ambulance, Brazil only*)	
193 – (*fire, Brazil only*)	
avariado/não funciona (*Braz*)	out of order
cabina telefónica	telephone booth
cartão telefónico	phonecard
chamada internacional	international call
chamada interurbana	long-distance call
chamada local	local call
correio electrónico	email
endereço de email	email address
fax	fax machine

→

fotocopiadora/ máquina de Xérox® (*Braz*)	photocopier
indicativo/código (*Braz*)	code
informações	directory assistance
orelhaõ (*Braz*)	telephone booth
página na internet/web site (*Braz*)	website
serviço automático	direct dialing
serviço internacional	international calls
tarifas	charges
telefone	telephone
telemóvel/cellular (*Braz*)	mobile phone

THINGS YOU'LL HEAR

Com quem quer falar?
Whom would you like to speak to?

Quem fala?
Who's speaking?

De que número fala?
What is your number?

Desculpe, mas ele não está
(*Braz*) Sinto muito, mas ele não está
Sorry, he's not in

Ele vem/volta (*Braz*) às … horas
He'll be back at … o'clock

Volte a telefonar amanhã, por favor
Please call again tomorrow

Eu digo-lhe que telefonou
I'll tell him you called

HEALTH

In Portugal, there are state-run hospitals and private hospitals.
Private hospitals and clinics are very expensive and not as well
equipped as state-run hospitals. If you go privately, always ask
the price first. In case of emergency, ask to be taken to the
serviço de urgências or **pronto socorro** (emergency room).

Medicines and drugs are only available from pharmacies
(**farmácias**), which are open from 9 AM to 1 PM and 3 PM to
7 PM. If the pharmacy you visit is closed, there will be a notice
on the door giving the address of the pharmacy on duty
(**farmácia de serviço**).

USEFUL WORDS AND PHRASES

accident	o acidente	*asseedent*
ambulance	a ambulância	*amboolanss-yuh*
anemic	anémico	*anemmikoo*
appendicitis	a apendicite	*apendee-seet*
appendix	o apêndice	*apendeess*
aspirin	a aspirina	*ashpeereenuh*
asthma	a asma	*ajmuh*
backache	a dor nas costas	*dor nush koshtush*
bandage	a ligadura/	*leegadooruh/*
	a atadura *(Braz)*	*ata-doo-rah*
(adhesive)	o penso adesivo/	*peng-soo adezeevoo/*
	o esparadrapo *(Braz)*	*es-pah-rah-dra-poh*
bite *(verb)*	morder, picar	*mordehr peckar*
(noun)	mordida	*mordee-duh*
(by insect)	a picada	*peekah-duh*
bladder	a bexiga	*besheeguh*
blister	a bolha	*bolyuh*
blood	o sangue	*sanguh*
blood donor	o dador/o doador	*dador/doh-ah-door*
	(Braz) de sangue	*duh sanguh*
burn	a queimadura	*kaymadooruh*

95

cancer	o cancro/o câncer (Braz)	kankroo/kan-sah
chest	o peito	paytoo
chicken pox	a varicela/	vareeselluh/
	a catapora (Braz)	ka-tah-porr-ah
cold	a constipação/	kohnshteepassowng/
	o resfriado (Braz)	hes-free-ah-doh
concussion	o traumatismo/	trowmateejmo/
	a concussão (Braz)	con-coo-sowng
constipation	a prisão de	preezowng duh
	ventre	ventruh
contact lenses	as lentes de contacto	lentsh duh kontaktoo
corn	o calo	kaloo
cough	a tosse	toss
cut	o golpe/	golp/
	o corte (Braz)	kor-chee
dentist	o dentista	denteeshtuh
diabetes	os diabetes	dee-abetsh
diarrhea	a diarreia	dee-arrayuh
dizzy	estonteado/	shtontee-ah-doo/
	tonto (Braz)	ton-toh
doctor	o médico	meddeekoo
earache	a dor de ouvidos	dor dee oh-veedoosh
fever	a febre	februh
filling	o chumbo	shoomboo
first aid	os primeiros	preemay-roosh
	socorros	sookorroosh
flu	a gripe	greep
fracture	a fractura/ a fratura (Braz)	fraktooruh/frah-tu-rah
German measles	a rubéola	roobeh-oolluh
glasses	os óculos	okkooloosh
hay fever	a febre dos fenos	februh doosh feh-noosh
headache	a dor de cabeça	dor duh kabeh-suh
heart	o coração	koorassowng
heart attack	o enfarte	ayng-fart
hemorrhage	a hemorragia	emmoorah-jee-uh
hospital	o hospital	oshpeetal

ill	doente	*doo-ent*
indigestion	a indigestão	*eendeejesshtowng*
injection	a injecção/	*eenjessowng/*
	a injeção (Braz)	*in-jer-sowng*
itch	a comichão/	*koomee-showng/*
	a coceira (Braz)	*ko-say-ra*
kidney	o rim	*reeng*
lump	o caroço	*ka-roh-so*
measles	o sarampo	*sarampoo*
migraine	a enxaqueca	*enshakekkuh*
motion	o enjoo de viagem	*enjoh-oo duh vee-ah-*
sickness		*jayng*
mumps	a papeira	*papay-ruh*
nausea	as náuseas	*now-zee-ush*
nurse	a enfermeira	*emfermay-ruh*
operation	a operação	*operassowng*
optician	o oculista	*okooleeshtuh*
pain	a dor	*dor*
penicillin	a penicilina	*penee-seeleenuh*
pharmacy	a farmácia	*farmass-yuh*
pneumonia	a pneumonia	*pneh-oomoonee-yuh*
pregnant	grávida	*gravviduh*
prescription	a receita	*russay-tuh*
rheumatism	o reumatismo	*reh-oo-mateejmoo*
scald	a queimadura	*keymadooruh*
scratch	o arranhão	*arran-yowng*
smallpox	a varíola	*varee-olluh*
sore throat	a dor de garganta	*dor duh gargantuh*
splinter	a farpa	*fah-pa*
sprain	a distenção	*deeshtensowng*
sting	a picada	*peekah-duh*
stomach	o estômago	*shtoh-magoo*
temperature	a temperatura	*temperatooruh*
tonsils	as amígdalas	*ameegduh-lush*
toothache	a dor de dentes	*dor duh dentsh*
ulcer	a úlcera	*oolseruh*

vaccination	a vacinação	*vasseenassowng*
vomit (*verb*)	vomitar	*voomee-tar*
whooping	a tosse convulsa/	*toss convoolsuh/*
cough	a tosse de cachorro (*Braz*)	*toss deh ka-show-ro*

I have a pain in …
Dói-me …
doy-muh

I do not feel well
Não me sinto bem
nowng muh seentoo bayng

I feel faint
Sinto que vou desmaiar
seentoo kuh voh duj-my-ar

I feel sick
Estou agoniado/enjoado (*Braz*)
shtoh agoonee-ah-doo/en-jow-adoh

I feel dizzy
Sinto tonturas
seentoo-tontoor-ush

It hurts here
Dói-me aqui
doy-muh akee

(*Braz*) Me doi aqui
Muh-doy akee

It's a sharp pain
É uma dor aguda
eh oomuh dor agooduh

It's a dull pain
É uma moinha/dor leve *(Braz)*
eh <u>oo</u>muh moo-<u>ee</u>n-yuh/dohr <u>leh</u>vee

It hurts all the time
Dói-me sempre
d<u>oy</u>-muh s<u>e</u>mpruh

(Braz) Não para de doer
nowng <u>pah</u>-rah dee dou-er

It only hurts now and then
Dói-me só de vez em quando
d<u>oy</u>-muh soh duh vez ayng kw<u>a</u>ndoo

(Braz) Só doi de vez em quando
<u>soh</u> duh deh vez ayng kw<u>a</u>ndoo

It hurts when you touch it
Dói-me quando lhe toca
d<u>oy</u>-muh soh kw<u>a</u>ndool-yuh t<u>o</u>kkuh

(Braz) Só doi quando você encosta
so d<u>oy</u> kwan-do voh-sseh en-cos-tah

It hurts more at night
Dói-me/Me doi *(Braz)* mais à noite
d<u>oy</u>-muh/Muh doy myz ah noyt

It stings
Arde-me/Arde *(Braz)*
<u>a</u>rd-muh/ardeh

It aches
Dói-me/Está doendo *(Braz)*
d<u>oy</u>-muh/Eh-stah doh-<u>e</u>hn-doh

I have a temperature
Tenho febre
t<u>e</u>nyoo f<u>e</u>bruh

I need a prescription for …
Preciso duma receita para …
press<u>ee</u>zoo d<u>oo</u>muh russ<u>ay</u>-tuh p<u>a</u>r-uh

I normally take …
Normalmente tomo …
noormalm<u>e</u>nt t<u>oh</u>-moo

I'm allergic to …
Sou alérgico a …
soh al<u>air</u>jikkoo uh

Have you got anything for …?
Tem alguma coisa para …?
tayng alg<u>oo</u>muh k<u>oy</u>zuh p<u>a</u>r-uh

Do I need a prescription for …?
Preciso duma receita para …?
press<u>ee</u>zoo d<u>oo</u>muh russ<u>ay</u>-tuh p<u>a</u>r-uh

I'm … months pregnant
Estou grávida de … meses
shtoh gra-vee-dah deh … meha-zsh

Can you take these if you're pregnant/breastfeeding?
Posso tomar estes comprimidos se estiver
  grávida/a amamentar/amamentando (*Braz*)?
*possoo too-mahr estsh kongpree-mee-doosh she esh-tee-vehr
  gra-vee-dah/ah ah-mah-meng-tahr/ah-mah-men-<u>tahn</u>-doh*

I have lost a filling
Caiu-me um chumbo
kay<u>oo</u>-muh oom sh<u>oo</u>mboo

(Braz) Perdi uma obturação
per-dey <u>oo</u>mah ob-too-ras-<u>own</u>g

THINGS YOU'LL HEAR

Tome … pílulas/comprimidos de cada vez
Take … pills at a time

Com água
With water

Mastigue-os
Chew them

Uma vez/duas vezes/três vezes ao dia
Once/twice/three times a day

Só quando se deitar
Only when you go to bed

O que é que geralmente toma?
What do you normally take?

Eu acho que devia consultar um médico
I think you should see a doctor

Tenho muita pena, mas não temos isso
(Braz) **Sinto muito, mas não temos isso**
I'm sorry, we don't have that

Para isso precisa duma/de uma *(Braz)* receita
You need a prescription for that

THINGS YOU'LL SEE OR HEAR

abcesso/abscesso *(Braz)*	abscess
ambulância-112	ambulance
ambulância-192 *(Brazil only)*	
análise/exame *(Braz)*	blood tests
de sangue	
chumbo/obturação *(Braz)*	filling
clínica	clinic
consulta	appointment
dentista	dentist
doutor	doctor
emergências *(Braz)*	emergencies
exames	tests
farmácia de serviço	pharmacy on duty
horário das consultas	surgery hours
infectado/	infection
inflamado *(Braz)*	
injecção/injeção *(Braz)*	injection
médico	doctor
oculista	optician
óculos	glasses
otorrinolaringologista	ear, nose, and throat specialist
penso curativo	dressing
posto de enfermagem	first-aid center
pronto socorro	first-aid center
pressão arterial	blood pressure
radiografia	X-ray
receita	prescription
serviço de urgências	emergency room
serviço permanente/	open 24 hours
aberto 24 horas *(Braz)*	
urgências	emergencies
vacina	vaccine

CONVERSION TABLES

DISTANCES

A mile is 1.6km. To convert kilometers to miles, divide the km by 8 and multiply by 5. Convert miles to km by dividing the miles by 5 and multiplying by 8.

miles	0.62	1.24	1.86	2.43	3.11	3.73	4.35	6.21
miles *or* **km**	1	2	3	4	5	6	7	10
km	1.61	3.22	4.83	6.44	8.05	9.66	11.27	16.10

WEIGHTS

The kilogram is equivalent to 2 lb 3oz. To convert kg to lbs, divide by 5 and multiply by 11. One ounce is about 28 grams, and eight ounces about 227 grams; 1 lb is therefore about 454 grams.

lbs	2.20	4.41	6.61	8.82	11.02	13.23	19.84	22.04
lbs *or* **kg**	1	2	3	4	5	6	9	10
kg	0.45	0.91	1.36	1.81	2.27	2.72	4.08	4.53

TEMPERATURE

To convert Celsius degrees into Fahrenheit, the accurate method is to multiply the C° figure by 1.8 and add 32. Similarly, to convert F° to C°, subtract 32 from the F° figure and divide by 1.8.

C°	-10	0	5	10	20	30	36.9	40	100
F°	14	32	41	50	68	86	98.4	104	212

LIQUIDS

A liter is about 2.1 pints; a gallon is roughly 3.8 liters.

gals	0.27	0.53	1.33	2.65	5.31	7.96	13.26
gals *or* **liters**	1	2	5	10	20	30	50
liters	3.77	7.54	18.85	37.70	75.40	113.10	188.50

TIRE PRESSURES

lb/sq in	18	20	22	24	26	28	30	33
kg/sq cm	1.3	1.4	1.5	1.7	1.8	2.0	2.1	2.3

CLOTHING SIZES

Slight variations in sizes, let alone European equivalents of USA/UK sizes, will be found everywhere, so be sure to check before you buy. The following tables are approximate:

Women's dresses and suits

USA	8	10	12	14	16	18
Europe	36	38	40	42	44	46
UK	10	12	14	16	18	20

Men's suits and coats

USA	36	38	40	42	44	46
Europe	46	48	50	52	54	56

Women's shoes

USA	5½	6½	7½	8½	9½
Europe	37	38	39	41	42
UK	4	5	6	7	8

Men's shoes

USA	7	8	9	10	11
Europe	41	42	43	44	45

Men's shirts

USA	14	14½	15	15½	16	16½	17
Europe	36	37	38	39	41	42	43

Women's sweaters

USA	32	34	36	38	40
Europe	36	38	40	42	44

Waist and chest measurements

Inches	28	30	32	34	36	38	40	42	44	46
Cms	71	76	80	87	91	97	102	107	112	117

MINI-DICTIONARY

about: about 16 cerca de
dezasseis/dezesseis *(Braz)*
accelerator o acelerador
accident o acidente
accommodations o alojamento
ache a dor
adaptor o adaptador eléctrico
address a morada/o endereço *(Braz)*
adhesive o adesivo
adhesive tape a fita adesiva/
o Durex® *(Braz)*
admission charge o preço de admissão/
a entrada *(Braz)*
after depois
aftershave loção pana a barba/
loção de barbear *(Braz)*
again outra vez
against contra
air o ar
air conditioning o ar condicionado
aircraft o avião
air freshener o desodorizante de
ambiente/
o purificador de ar *(Braz)*
airline a companhia aérea
airport o aeroporto
alcohol o álcool
all tudo
 that's all é tudo
 all the streets
 todas as ruas
allowed permitido
almost quase
alone só
already já
always sempre
am: I am eu sou
ambulance a ambulância

America a América
American americano/a *(m/f)*
and e
ankle o tornozelo
anorak o anoraque/o agasalho *(Braz)*
another outro
answering machine o atendedor de
chamadas/atendedor automático/
a secretaria-electrônica *(Braz)*
antifreeze o anticongelante
antiques shop a loja de antiguidades
antiseptic o antiséptico
anything: do you have anything?
tem alguma coisa?
apartment o apartamento
appendicitis a apendicite
appetite o apetite
apple a maçã
application form a ficha de inscrição
appointment a marcação/
a hora marcada *(Braz)*
apricot o damasco
are: you are *(sing. polite)*
 (to man) o Senhor é
 (to woman) a Senhora é
 (sing. familiar) tu és
 (plural polite) os Senhores/
 as Senhoras são
 (plural familiar) vocês são
 we are somos
 they are eles são
arm o braço
art a arte
art gallery a galeria de arte
artist o artista
as: as soon as possible
o mais depressa possível
ashtray o cinzeiro

asleep a dormir
  he's asleep ele está a dormir/
  dormindo (Braz)
aspirin a aspirina
at: at the post office nos correios
  at night à noite
  at 3 o'clock às três horas
attractive atraente
aunt a tia
Australia a Austrália
Australian australiano/a (m/f)
Austria a Áustria
Austrian austríaco/a (m/f)
automatic automático
away: is it far away? é longe?
  go away! vá-se embora!
awful horrível
axle o eixo

baby o bebé/o bebê (Braz)
baby carriage o carrinho de bébé/
  bebê (Braz)
back (not front) a parte posterior
  (of body) as costas
backpack a mochila
bacon o bacon
  bacon and eggs bacon com ovos
bad mau
bait a isca
bake assar
baker o padeiro
balcony a varanda
ball a bola
  (dance) o baile
ballpoint pen a esferográfica
banana a banana
band (musicians) a banda
bandage a ligadura/
  a atadura (Braz)
  (adhesive, for cut) o adesivo/
  o esparadrapo (Braz)
bank o banco

bar o bar
  bar of chocolate a barra de chocolate
barbecue o churrasco
barber's o barbeiro
bargain a pechincha
basement a cave/o subsolo (Braz)
basin o alguidar/a pia (Braz)
  (sink) o lavatório
basket o cesto/a cesta (Braz)
bath o banho
  take a bath tomar banho
bathroom a casa de banho/
  o banheiro (Braz)
bath salts os sais de banho
battery (car) a bateria
  (flashlight) a pilha
beach a praia
beans os feijões
  green beans os vágem
beard a barba
because porque
bed a cama
bed linen a roupa de cama
bedroom o quarto
beef a carne de vaca
beer a cerveja
before antes
beginner o principiante
behind atrás
beige beige
Belgian belga
Belgium a Bélgica
bell (church) o sino
  (door) a campainha
below abaixo
belt o cinto
beside junto de/do lado (Braz)
best o melhor
better melhor
between entre
bicycle a bicicleta
big grande
bikini o bikini

bill *(banknote)* a nota
bird o pássaro
birthday o dia de anos/
  o aniversário *(Braz)*
  happy birthday! Parabéns!
birthday card o cartão de aniversário
bite *(verb)* morder, picar
  (gen) mordida
  (insect/snake) picada
bitter amargo
black preto
blackberry a amora
blanket o cobertor
bleach *(verb)* descolorar/descolorir *(Braz)*
  (noun) a lexívia/a água sanitária *(Braz)*
blind *(cannot see)* cego
  (on window) a persiana
blister a bolha
blood o sangue
blouse a blusa
blue azul
boat o barco
body o corpo
boil ferver
bolt *(verb)* trancar
  (on door) a fechadura
bone o osso
  (fish) a espinha de peixe
book *(noun)* o livro
  (verb) reservar
bookstore a livraria
boot a bota
border a fronteira
boring aborrecido/chato *(Braz)*
born: I was born in ...
  eu nasci em ...
both ambos
  both of them ambos
  both of us nós os dois/nós dois *(Braz)*
  both ... and ... tanto ... como ...
bottle a garrafa
bottle opener o abre-garrafas/
  o abridor de garrafas *(Braz)*

bottom o fundo
bowl a tigela
box a caixa
boy o rapaz
boyfriend o namorado
bra o soutien
bracelet a pulseira
brake *(noun)* o travão/o freio *(Braz)*
  (verb) travar/frear *(Braz)*
brandy o brandy
Brazil o Brasil
Brazilian brasileiro/a *(m/f)*
bread o pão
breakdown *(car)* a avaria/enguiçar *(Braz)*
  (nervous) o esgotamento nervoso/
  a crise nervosa *(Braz)*
breakfast o pequeno almoço/
  o café da manhã *(Braz)*
breathe respirar
  I can't breathe não posso/
  não consigo respirar *(Braz)*
bridge a ponte
briefcase a pasta
British britânico
brochure o folheto
broil *(verb)* grelhar
  (noun) a grelha
broken partido/quebrado *(Braz)*
  broken leg a perna partida/
  quebrada *(Braz)*
brooch o broche
brother o irmão
brown castanho
bruise o hematoma/a contusão *(Braz)*
brush *(noun)* a escova
  (paint) o pincel
  (verb) escovar
bucket o balde
building o edifício
bull o touro
bullfight a tourada
bullfighter o toureiro
bumper o pára-choques

burglar o gatuno/o ladrão (Braz)
burn (verb) queimar
  (noun) a queimadura
bus o autocarro/o ônibus (Braz)
business o negócio
  it's none of your business
  não tem nada com isso
bus station a estação de
  autocarros/a rodoviária (Braz)
bus stop a paragem do autocarro/
  o ponto de ônibus (Braz)
busy (occupied) ocupado
  (street) movimentado
but mas
butcher o talho/o açougue (Braz)
butter a manteiga
button o botão
buy comprar
by: by Friday na Sexta-Feira
  by myself sozinho
  by the window perto da janela

cabbage a couve/o repolho (Braz)
cabinet o armário
cable car o teleférico
cable TV a tv por cabo
café o café
cake o bolo
calculator a calculadora
call: what's it called?
  como é que se diz?
  (to make a call) telefonar
camera a máquina fotográfica
camper (RV) a rulotte/o trailer (Braz)
campsite o parque de campismo
can (tin) a lata
can: can I …? posso …?
  can I have …?
  pode-me dar …?
Canada o Canadá
Canadian Canadiano/Canadense (Braz)
canal o canal

cancer o cancro/o câncer (Braz)
candle a vela
candy o rebuçado/a bala (Braz)
canoe a canoa
cap o boné
car o carro
  (train) a carruagem/o vagão (Braz)
carbonated gasoso
carburetor o carburador
card o cartão
cardigan o casaco de malha
careful cuidadoso
  careful! cuidado!
carpet a carpete/o carpete (Braz)
carrot a cenoura
car seat (for a baby) o acento para bébé/
  o assento para a bebê (Braz)
case a mala
cash o dinheiro
  (change) o troco
  pay cash pagar em dinheiro
cassette a cassette/a fita-cassete (Braz)
cassette player o leitor de cassettes/
  o toca-fitas (Braz)
castle o castelo
cat o gato
cathedral a catedral
cauliflower a couve-flor
cave a gruta
cemetery o cemitério
center o centro
certificate o certificado
chair a cadeira
chamber music a música de câmara
change (clothes) mudar de roupa
  (money) trocar
Channel o canal da Mancha
cheers! (toast) saúde!
cheese o queijo
check o cheque
  (restaurant, etc.) a conta
checkbook o livro/o talão (Braz) de
  cheques

cherry a cereja
chess o xadrez
chest o peito
chewing gum a pastilha elástica/
  o chiclete *(Braz)*
chicken o frango
child a criança
children as crianças
china a porcelana
China a China
Chinese chinês/chinesa *(m/f)*
chocolate o chocolate
  a box of chocolates uma caixa de
  chocolates
chop *(food)* a costeleta
  (to cut) cortar
church a igreja
cigar o charuto
cigarette o cigarro
cinema o cinema
city a cidade
city center o centro da cidade
class a classe
classical music a música clássica
clean limpo
clear claro
  is that clear? compreende?
clever esperto
clock o relógio
  (alarm) o despertador
close *(near)* perto
  (verb) fechar
  the store is closed
  a loja está fechada
clothes a roupa
club o clube
  (cards) o naipe de paus
clutch a embraiagem/
  a embreagem *(Braz)*
coat o casaco
coat hanger o cabide
cockroach a barata
coffee o café

coin a moeda
cold *(illness)* a constipação/
  o resfriado *(Braz)*
  (adj.) frio
collar a gola/a colarinho *(Braz)*
collection *(stamps, etc.)* a colecção/
  a coleção *(Braz)*
  (postal) a tiragem/a coleta *(Braz)*
color a cor
color film o rolo de fotografias
  a cores/o filme colorido *(Braz)*
comb *(noun)* o pente
  (verb) pentear
come vir
  I come from … eu sou de …
  we came last week nós viemos
  a semana passada
compartment o compartimento
complicated complicado
concert o concerto
conditioner *(hair)* o creme amaciador/
  o condicionador *(Braz)*
conductor *(bus)* o condutor/
  o motorista *(Braz)*
  (orchestra) o maestro
congratulations! parabéns!
constipation a prisão de ventre
consulate o consulado
contact lenses as lentes de contacto
contraceptive o contraceptivo/
  o anticoncepcional *(Braz)*
cook *(noun)* o cozinheiro
  (verb) cozinhar
cookie a bolacha
cooking utensils os utensílios
  de cozinha
cool fresco
cork a rolha
corkscrew o saca-rolhas
corner *(in room)* o canto
  (of street) a esquina
corridor o corredor
cosmetics os cosméticos

cost *(verb)* custar
  what does it cost? quanto é que custa?
cotton o algodão
cotton balls o algodão hidrófilo
cough *(verb)* tossir
  (noun) a tosse
cough drops as pastilhas para a garganta
could: could you …? podia …?
council o conselho
country *(state)* o país
  (not town) o campo
cousin *(male)* o primo
  (female) a prima
crab o caranguejo
cramp a cãimbra
crayfish o lagostim
cream as natas
  (for skin) o creme
credit card o cartão de crédito
crew a tripulação
crib a cama de bebé/o berço *(Braz)*
crowded apinhado/lotado *(Braz)*
cruise o cruzeiro
crutches as muletas
cry *(weep)* chorar
  (shout) gritar
cucumber o pepino
cuff links os botões de punho/
  as abotoaduras *(Braz)*
cup a chávena/a xícara *(Braz)*
curlers os rolos/os bobes *(Braz)*
curls os caracóis
curry o caril/o 'curry' *(Braz)*
curtain a cortina
customs a Alfândega
cut *(noun)* o golpe/o corte *(Braz)*
  (verb) cortar

dad o papá/o papai *(Braz)*
dairy *(store)* a leitaria
damp húmido
dance dançar

dangerous perigoso
dark escuro
daughter a filha
day o dia
dead morto
deaf surdo
dear caro
deck chair a cadeira de convés
deck of cards o baralho de cartas
deep fundo
deliberately de propósito
dentist o dentista
dentures a dentadura postiça
deny negar
  I deny it eu nego isso
deodorant o desodorizante/
  o desodorante *(Braz)*
department store
  os grandes armazéns/
  a loja de departamentos *(Braz)*
departure a partida
develop *(grow)* desenvolver
  (a film) revelar
diamond *(jewel)* o diamante
  (cards) o naipe de ouros
diaper a fralda
diarrhea a diarreia
diary a agenda
dictionary o dicionário
die morrer
diesel o gasóleo/o diesel *(Braz)*
different diferente
  that's different
isso é diferente
  I'd like a different one
queria outro diferente
difficult difícil
dining car a carruagem restaurante/
  o vagão restaurante *(Braz)*
dining room a sala de jantar
dirty sujo
disabled deficiente
dishtowel o pano de cozinha

dishwashing detergent o detergente
  para lavar a loiça/
  o detergente para lavar a louça (*Braz*)
disposable diapers
  as fraldas descartáveis
distributor (*car*) o distribuidor
dive mergulhar
diving board o prancha
divorced divorciado
do fazer
dock o cais
doctor o médico
document o documento
dog o cão
doll a boneca
dollar o dólar
door a porta
double room o quarto de casal
doughnut a bola de Berlim/
  o sonho (*Braz*)
down em baixo
dress o vestido
drink (*verb*) beber
  (*noun*) a bebida
  would you like a drink?
  quer uma bebida?
drinking water a água potável
drive (*verb: car*) conduzir/dirigir (*Braz*)
driver o condutor/o motorista (*Braz*)
driver's license a carta de condução/
  a carteira de motorista (*Braz*)
driving regulations o código da estrada/
  de trânsito (*Braz*)
drunk bêbado/bêbedo (*Braz*)
dry seco
dry cleaner a limpeza a seco
during durante
dust cloth o pano do pó/
  o espanador de pó (*Braz*)
Dutch holandês/holandesa (*m/f*)
duty-free duty-free
duty-free shops lojas francas/
  lojas de duty free (*Braz*)

each cada
  two euros each dois euros cada
early cedo
earrings os brincos
ears as orelhas
east o este
easy fácil
egg o ovo
either: qualquer
  either of them um qualquer/
  qualquer um (*Braz*)
  either … or … ou … ou …
elastic elástico
elbows os cotovelos
electric eléctrico
electricity a electricidade
elevator o elevador
else: someone else outra pessoa
  something else outra coisa
  somewhere else outro lugar
email o correio electrónico/o email
email address o endereço de email
embarrassing embaraçoso
embassy a embaixada
embroidery o bordado
emerald a esmeralda
emergency a emergência
emergency cord o sinal de alarme
empty vazio
end o fim
engaged: I'm engaged eu estou noivo
engine (*motor*) o motor
  (*railroad*) a locomotiva
England a Inglaterra
English inglês
Englishman o inglês
Englishwoman a inglesa
enlargement a ampliação
enough suficiente
entertainment o divertimento/
  a diversão (*Braz*)
entrance a entrada
envelope o envelope

escalator a escada rolante
especially especialmente
evening a noite
every cada
everyone toda a gente/
  todo o mundo (Braz)
everything tudo
everywhere em toda a parte
example o exemplo
  for example por exemplo
excellent excelente
excess baggage o excesso de bagagem
exchange (verb) trocar
exchange rate a taxa de câmbio
excursion a excursão
excuse me! desculpe!
  (to get attention) se faz favor!/
  faz favor! (Braz)
  (to get past) com licença
excuse me? perdão?/como? (Braz)
exit a saída
expensive caro
extension cord a extensão
eye drops as gotas para os olhos
eyes os olhos

face a cara
faint (unclear) vago
  (verb) desmaiar
  to feel faint sentir-se desfalecer
fair (amusement park) a feira
  (just) justo
  it's not fair não é justo
false teeth a dentadura postiça
family a família
fan (ventilator) a ventoínha/
  o ventilador (Braz)
  (enthusiast) o adepto/o fã (Braz)
fan belt a correia da ventoínha/
  do ventilador (Braz)
fantastic fantástico
far longe

fare (bus) o preço (da passagem)
farm a quinta/a fazenda (Braz)
farmer o lavrador/o fazendeiro (Braz)
fashion a moda
fast rápido
fat (person) gordo
  (on meat, etc.) a gordura
father o pai
fax machine o fax
feel (touch) tocar
  I feel hot tenho calor
  I feel like … apetece-me …
  I don't feel well não me sinto bem
feet os pés
felt-tip pen a caneta de feltro
ferry (small) o ferry-boat
fever a febre
fiancé o noivo
fiancée a noiva
field o campo
fig o figo
filling (tooth) o chumbo/
  a obturação (Braz)
film o filme
filter o filtro
finger o dedo
fire o lume/o fogo (Braz)
  (blaze) o incêndio
  (heater) o aquecedor
fire extinguisher o extintor
firework o fogo de artifício
first primeiro
first aid os primeiros socorros
first floor o rés-do-chão/o térreo (Braz)
first name o nome próprio
fish o peixe
fishing a pesca
  go fishing ir à pesca
fishing rod a cana de pesca/
  a vara de pescar (Braz)
fish market a peixaria
flag a bandeira
flash (camera) o flash

flashlight a lanterna
flat (*level*) plano
flavor o sabor
flea a pulga
flight o vôo
flight attendant (*female*) a hospedeira
   do ar/ a aeromoça (*Braz*)
flip-flops as chinelas de meter o dedo/
   os chinelos (*Braz*)
flippers as barbatanas
floor o chão
   (*story*) o andar
flour a farinha
flower a flor
flu a gripe
flute a flauta
fly (*verb*) voar
   (*insect*) a mosca
fog o nevoeiro/a nublina (*Braz*)
folk music a música folclórica
food a comida
food poisoning a intoxicação alimentar
for para
   for a week por uma semana
   for me para mim
   what for? para quê?
foreigner o estrangeiro
forest a floresta
forget: I forget esqueço-me
fork o garfo
fountain pen a caneta de tinta permanente
fourth quarto
fracture a fractura/a fratura (*Braz*)
France a França
free (*no cost*) gratuito
   (*at liberty*) livre
freezer o congelador
French francês
french fries as batatas fritas
Frenchman o francês
friend o amigo
friendly simpático
front: in front em frente

frost a geada
fruit a fruta
fruit juice o sumo de frutas
fry fritar
frying pan a frigideira
full cheio
   I'm full estou cheio!
full board a pensão completa
funnel (*for pouring*) o funil
funny engraçado
furniture a mobília

garage a garagem
garbage o lixo
garbage can o caixote de lixo/
   a lata de lixo (*Braz*)
garbage can liner o saco do lixo
garden o jardim
garlic o alho
gas a gasolina
gas-permeable lenses as lentes
   semi-rígidas
gas station a bomba de gasolina
gear a caixa de velocidades/
   a marcha (*Braz*)
gearshift a alavanca das mudanças/
   de marcha (*Braz*)
German alemão
Germany a Alemanha
get (*fetch*) ir buscar
   get the train apanhar o comboio/
   trem (*Braz*)
   have you got ...? tem ...?
get back: we get back tomorrow
   nós regressamos/voltamos (*Braz*) amanhã
   get something back
   receber algo de volta
get in entrar
   (*arrive*) chegar
get out sair
get up (*rise*) levantar-se
gift o presente

gin o gin
ginger a gengibre
girl a rapariga/a menina (Braz)
girlfriend a namorada
give dar
glad contente
  I'm glad eu estou contente
glass o copo
glasses os óculos
gloss prints as fotografias a cores
gloves as luvas
glue a cola
go ir
  when does it go? a que horas parte?
goggles os óculos de proteção
gold o ouro
golf o golfe
golf ball a bola de golfe
golf clubs os tacos de golfe
golf course o campo de golfe
good (adj.) bom
  good! óptimo!/ótimo! (Braz)
goodbye adeus
government o governo
granddaughter a neta
grandfather o avô
grandmother a avó
grandson o neto
grapes as uvas
grass a relva/a grama (Braz)
gray cinzento
Great Britain a Grã-Bretanha
green verde
grocery a mercearia/
  o armazém (Braz)
groundcloth a lona impermeável
guarantee (noun) a garantia
  (verb) garantir
guard o guarda
guidebook o guia
guitar a viola/o violão (Braz)
gun (rifle) a espingarda
  (pistol) a pistola

hair os cabelos
haircut o corte de cabelo
hair dryer o secador de cabelo
hair spray a laca/o laquê (Braz)
hairstylist o cabeleireiro
half a metade
  half an hour a meia hora
half board a meia pensão
ham o fiambre/
  o presunto (Braz)
hamburger o hamburger
hammer o martelo
hand a mão
handbag a carteira/
  a bolsa (Braz)
handbrake o travão de mão/
  o freio de mão (Braz)
handkerchief o lenço
handle (door) a maçaneta
handsome bonito
hangover a ressaca
happy feliz
harbor o porto
hard duro
  (difficult) difícil
hardware store o ferreiro
hat o chapéu
have ter
  can I have …? pode-me dar …?
  I don't have … não tenho …
  do you have …? tem …?
  I have to go now tenho que
  me ir embora
hay fever a febre dos fenos
he ele
head a cabeça
headache a dor de cabeça
headlights os faróis
healthy saudável
hear ouvir
hearing aid o aparelho auditivo
heart o coração
heart attack o ataque cardíaco

heating o aquecimento
heavy pesado
heel (*of shoe*) o salto do sapato
  (*of body*) o calcanhar
hello olá/oi (*Braz*)
  (*to get attention*) se faz favor/
  por favor! (*Braz*)
help (*noun*) a ajuda
  (*verb*) ajudar
  help! socorro!
hepatitis hepatite
her: it's for her é para ela
  give it to her dê-o a ela
  her book o livro dela
  her house a casa dela
  her shoes os sapatos dela
  it's hers é dela
here aqui
hi olá
high alto
highway a autoestrada/a rodovia (*Braz*)
hill o monte/a colina (*Braz*)
him: it's for him é para ele
  give it to him dê-o a ele
his: his book o livro dele
  his house a casa dele
  his shoes os sapatos dele
  it's his é dele
history a história
hitchhike pedir boleia/pedir carona (*Braz*)
HIV positive seropositivo/
  HIV positivo (*Braz*)
hobby o passatempo
hole o buraco
holiday (*public holiday, etc.*) o feriado
Holland a Holanda
home a casa
homeopathy a homeopatia
homosexual homosexual
honest honesto
honey o mel
honeymoon a lua de mel
hood (*car*) a capota/o capô (*Braz*)

horn (*car*) a buzina
  (*animal*) o chifre
horrible horrível
hospital o hospital
hot quente
hot water bottle o saco/a bolsa (*Braz*)
  de água quente
hour a hora
house a casa
how? como?
humid húmido
hungry: to be hungry ter fome
  I'm hungry tenho fome
hurry: I'm in a hurry
  estou com pressa
husband o marido

I eu
ice o gelo
ice cream o gelado/o sorvete (*Braz*)
ice cube o cubo de gelo
ice rink o ringue de patinagem/
  pista de gelo (*Braz*)
ice skates os patins de gelo
if se
ignition a ignição/a ignição (*Braz*)
ill doente
immediately imediatamente
impossible impossível
India a Índia
Indian indiano
indicator o indicador
indigestion a indigestão
inexpensive barato
infection infectado/inflamado (*Braz*)
information a informação
inhaler (*for asthma*) o inalador
injection a injecção/a injeção (*Braz*)
injury o ferimento
ink a tinta
inn a estalagem
inner tube a câmara de ar

insect o insecto/o inseto (Braz)
insect repellent o repelente de
  insectos/insetos (Braz)
insomnia a insónia/a insônia (Braz)
insurance o seguro
interesting interessante
internet a internet
interpret interpretar
invitation o convite
Ireland a Irlanda
Irish irlandês
iron (metal) o ferro
  (for clothes) o ferro de engomar/
  o ferro de passar roupa (Braz)
is: he/she is ele/ela é
  it is … é …
island a ilha
Italian italiano
Italy a Itália
itch (noun) a comichão/
  a coceira (Braz)
  it itches faz comichão/
  estar com coceira (Braz)

jacket o casaco
jam a compota
jealous ciumento
jeans as calças de ganga/
  a calça jeans (Braz)
jellyfish a alforreca/
  a água-viva (Braz)
jeweler o joalheiro
job o emprego
jog (verb) correr
  go for a jog ir correr
jogging o jogging
jogging suit o fato de treino/
  a roupa de jogging (Braz)
joke a brincadeira
just: it's just arrived acabou de chegar
  I've just one left
só tenho um

kettle a chaleira
key a chave
kidney o rim
kilo o quilo
kilometer o quilómetro
kitchen a cozinha
knee o joelho
knife a faca
knit tricotar
knitting needle a agulha de tricotar
know: I don't know não sei

label a etiqueta
lace a renda
  (of shoe) o atacador/a cadarço (Braz)
lake o lago
lamb o cordeiro
lamp a lâmpada
lampshade o abajur
land (noun) a terra
  (verb) aterrar/aterrizar (Braz)
language a língua
large grande
last (final) último
  last week a semana passada
  last month o mês passado
  at last! enfim!
last name o apelido/o sobrename (Braz)
late: it's getting late
  está-se a fazer tarde/
  esta ficando tarde (Braz)
  the bus is late o autocarro/ônibus
  (Braz) está atrasado
laugh rir
Laundromat a lavandaria automática
laundry (place) a lavandaria/
  a lavanderia (Braz)
  (clothes) a roupa para lavar
laundry detergent o detergente
laxative o laxativo
lazy preguiçoso
leaf a folha

leaflet a brochura
learn aprender
leather o cabedal/o couro (Braz)
left (not right) esquerdo
  there's nothing left não sobrou nada
leftovers os restos
leg a perna
lemon o limão
lemonade a limonada
length o comprimento
lens (camera) a objectiva/a lente (Braz)
  (of glasses) a lente
less menos
lesson a lição
letter a carta
letter carrier o carteiro
lettuce a alface
library a biblioteca
license plate a matrícula/a placa (Braz)
life a vida
lift: give someone a lift
  dar boleia/carona (Braz) a alguém
light (not heavy) leve
  (not dark) claro
lighter o isqueiro
lighter fluid o gás butano
light meter o fotómetro
like: I like you gosto de si/você (Braz)
  I like swimming gosto de nadar
  it's like … é como …
lime (fruit) a lima
line (of people, cars, etc.) a bicha/
  a fila (Braz)
  (to wait in line) fazer bicha/fila (Braz)
lip balm a pomada para os lábios
lipstick o batom
liqueur o licor
Lisbon Lisboa
list a lista
liter o litro
litter o lixo
little (small) pequeno
  it's a little big é um pouco grande

liver o fígado
lobster a lagosta
locked fechado
lollipop o chupa-chupa/
  o pirulito (Braz)
long (film, road) longo
  how long? quanto tempo?
lost and found a secção/seção (Braz) de
  perdidos e achados
lot: a lot muitos
loud alto
  (color) berrante
lounge a sala
love (noun) o amor
  (verb) amar
lover o amante
low baixo
luck a sorte
  good luck! boa sorte!
luggage a bagagem
luggage storage o depósito de bagagens
  (locker) o cacifo/
  o armário com chave (Braz)
lunch o almoço

magazine a revista
maid a criada de quarto/
  a arrumadeira (Braz)
mail (noun) o correio
  (verb) por no correio
mailbox a caixa postal
  (domestic) o marco/
  a caixa (Braz) do correio
make fazer
makeup a maquilhagem/
  a maquilagem (Braz)
man o homem
manager o gerente
map o mapa
  (street map) o mapa da cidade
market o mercado/a feira (Braz)
marmalade o doce de laranja

married casado
mascara o rímel/a mascara (Braz)
mass (church) a missa
match (light) o fósforo
  (sport) o jogo
material (cloth) o tecido
mattress o colchão
maybe talvez
me: it's for me é para mim
  give it to me dê-mo a mim/me dê (Braz)
meal a refeição
meat a carne
mechanic o mecânico
medicine o remédio
meeting a reunião
melon o melão
men (restroom) homens
menu a ementa/o cardápio (Braz)
message o recado
middle o meio
midnight a meia-noite
milk o leite
mine: it's mine é meu
mineral water a água mineral
minute o minuto
mirror o espelho
  (car) o espelho retrovisor
mistake o erro
  make a mistake enganar-se
mobile phone o Telemóvel/
  o cellular (Braz)
modem o modem
mom a mamã/a mamãe (Braz)
money o dinheiro
month o mês
monument o monumento
moped a motorizada/a moto (Braz)
more mais
  more or less mais ou menos
morning a manhã
  in the morning de manhã
mother a mãe
motorboat o barco a motor

motorcycle a moto
mountain a montanha
mouse o rato
mouth a boca
move mexer
  (house) mudar-se
  don't move! não se mexa!
movie o filme
mug a caneca
museum o museu
music a música
musical instrument o instrumento
  musical
musician o músico
mussels os mexilhões/os mariscos (Braz)
mustache o bigode
my: my book o meu livro
  my house a minha casa
  my shoes os meus sapatos

nail (metal) o prego
  (finger) a unha
nailfile a lima/lixa (Braz) de unhas
nail polish o verniz de unhas/
  o esmalte (Braz)
name o nome
napkin o guardanapo
narrow estreito
near: near the door perto da porta
  near Lisbon perto de Lisboa
necessary necessário
necklace o colar
need (verb) precisar
  I need … preciso de …
  there's no need não há necessidade
needle a agulha
negative (photo) o negativo
neither:
  neither of them nenhum deles
  neither … nor … nem … nem …
nephew o sobrinho
never nunca

new novo
news as novidades
  (television) as notícias
newspaper o jornal
newsstand a tabacaria/o jornaleiro *(Braz)*
New Zealand a Nova Zelândia
next próximo
  next week a semana que vem
  next month o mês que vem
  what next? e agora?
nice bonito
niece a sobrinha
night a noite
nightclub a discoteca
nightdress a camisa da noite/
  camisola *(Braz)*
no *(response)* não
  (not any) nenhum
noisy barulhento
noon o meio-dia
north o norte
Northern Ireland a Irlanda do Norte
nose o nariz
nose drops as gotas para o nariz
not não
notebook o bloco de
  apontamentos/caderno *(Braz)*
novel o romance
now agora
nudist o nudista
number o número
  (telephone) o número do telefone
nurse a enfermeira
nut *(fruit)* a noz
  (for bolt) a porca

occasionally ocasionalmente/de vez
  em quando *(Braz)*
occupied ocupado
office o escritório
often frequentemente
oil o óleo

ointment a pomada
OK ok
old velho
olive a azeitona
on: on the balcony na varanda
  on the beach na praia
  on top em cima
one um, uma
onion a cebola
open *(verb)* abrir
  (adj.) aberto
operator *(phone)* a telefonista
opposite: opposite the hotel
  em frente do hotel
optician o oculista
or ou
orange *(color)* cor de laranja
  (fruit) a laranja
orange juice o sumo/suco *(Braz)* de
  laranja
orchestra a orquestra
organ o órgão
our nosso
  it's ours é nosso
out: he's out ele saiu
outside lá fora
over por cima
  over there ali
oyster a ostra

pacifier *(for baby)* a chupeta
package o embrulho, a encomenda
packet o pacote
  pack of cigarettes o maço de cigarros
page a página
pain a dor
pain killer *(for headaches, asprin free)*
  o comprimido de paracetamol
pair o par
pajamas o pijama
Pakistan o Paquistão
Pakistani paquistanês

119

pancake a panqueca
pants as calças
pantyhose a meia-calça
paraffin a parafina
parents os pais
park *(noun)* o parque
  (verb) estacionar
parking lights as luzes de presença/
  a luz lateral *(Braz)*
parking lot o parque de estacionamento/
  o estacionamento *(Braz)*
parsley a salsa
party *(celebration)* a festa
  (group) o grupo
  (political) o partido
pass *(when driving)* ultrapassar
passenger o passageiro
passport o passaporte
pasta a massa
pastry shop a pastelaria/
  o confeitaria *(Braz)*
path o caminho
pay pagar
peach o pêssego
peanuts os amendoins
pear a pêra
pearl a pérola
peas as ervilhas
pedestrian o peão/o pedestre *(Braz)*
pen a caneta
pencil o lápis
pencil sharpener o apara-lápis/
  o apontador *(Braz)*
pen pal o correspondente
pepper *(& salt)* a pimenta
  (vegetable) o pimento/o pimentão *(Braz)*
peppermints os bombons de
  hortelã pimenta/
  a bala de hortelã *(Braz)*
per: per night por noite
perfume o perfume
perhaps talvez
perm a permanente

personal stereo o Walkman®
petticoat o saiote
pharmacy a farmácia
phone book a lista telefónica/
  telefônica *(Braz)*
phonecard o cartão telefónico
photocopier a fotocopiadora/
  a máquina de Xérox® *(Braz)*
photograph *(noun)* a fotográfia
  (verb) fotografar
photographer o fotógrafo
phrase book o livro de expressões
  idiomáticas
piano o piano
pickpocket o carteirista/
  o batedor de carteira *(Braz)*
picnic o piquenique
piece o bocado/o pedaço *(Braz)*
pillow a almofada/o travesseiro *(Braz)*
pillowcase a fronha
pilot o piloto
pin o alfinete
  (clothes) a mola da roupa/
  o pregador de roupa *(Braz)*
pineapple o ananás/o abacaxi *(Braz)*
pink cor de rosa
pipe *(for smoking)* o cachimbo
  (for water) o cano
piston o êmbolo
pizza a pizza
plant a planta
plastic o plástico
plastic bag o saco de plástico
plate o prato
platform a plataforma
playground o parque infantil/
  o playground *(Braz)*
please por favor
plug *(electrical)* a tomada
  (sink) a tampa
pocket o bolso
pocketknife o canivete
poison o veneno

police a polícia
police officer o polícia
police station a esquadra da polícia/
a delegacia de polícia (Braz)
politics a política
poor pobre
(bad quality) mau
pop music a música pop
popsicle o gelado/o picolé (Braz)
pork a carne de porco
port (harbor) o porto
(drink) o vinho do Porto
porter o porteiro
Portugal Portugal
Portuguese português/portuguesa (m/f)
possible possível
postcard o postal ilustrado/
o cartão postal (Braz)
poster o cartaz
post office os correios
potato a batata
potato chips as batatas fritas
poultry as aves
pound (weight) o peso
(money) a libra
powder o pó
pregnant grávida
prescription a receita
pretty (beautiful) bonito
(quite) muito
price o preço
priest o padre
private privado
problem o problema
what's the problem?
qual é o problema?
public o público
pull puxar
puncture o pneu furado
purple violeta
purse o porta-moedas/o carteira (Braz)
push empurrar

quality a qualidade
question a pergunta
quick rápido
quiet silencioso
quilt o edredão/oedredom (Braz)
quite (fairly) bastante
(fully) muito

radiator o radiador
radio o rádio
radish o rabanete
railroad line o caminho de ferro/
a estrada de ferro (Braz)
(track) as linhas férreas/
a via férrea (Braz)
rain a chuva
rainboots as botas de borracha
raincoat o impermeável/
a capa de chuva (Braz)
raisin a passa
rare (uncommon) raro
(steak) mal passado
raspberry a framboesa
rat a ratazana/a rato (Braz)
razor blades as lâminas de barbear
reading lamp o candeeiro/o abajur (Braz)
(bed) o candeeiro da mesinha de
cabeceira/o abajur de cabeceira (Braz)
ready pronto
receipt o recibo
receptionist o recepcionista
record (music) o disco
(sports, etc.) o recorde
record store a discoteca/
a loja de discos (Braz)
red encarnado/vermelho
refrigerator o frigorífico/
a geladeria (Braz)
refreshments (drink) as bebidas
(food) a refeição ligeira/o lanche (Braz)
registered letter a carta registada
relax descansar

religion a religião
remember lembrar-se
  I don't remember não me lembro
rent *(verb)* alugar
  (noun) a renda
repeat repetir
reservation a reserva
resevations office a bilheteira/
  a bilheteria *(Braz)*
rest *(remainder)* o resto
  (relax) descansar
return *(come back)* regressar/
  voltar *(Braz)*
  (give back) devolver
rich rico
right *(correct)* certo
  (direction) a direita
ring *(jewelry)* o anel
ripe maduro
river o rio
road a estrada
rock *(stone)* a rocha
  (music) a música rock
roll *(bread)* a carcaça/
  o pãozinho *(Braz)*
  (verb) rolar
roller skates os patins
roof o telhado
  (terrace) o terraço
room o quarto
  (space) o espaço
rope a corda
rose a rosa
round *(circular)* redondo
  it's my round agora pago eu
rowboat o barco a remos
rubber a borracha
rubber band o elástico
ruby *(color)* a cor de rubi
  (stone) o rubi
rug a carpete
ruins as ruínas
ruler a régua

run *(person)* correr
runway a pista de descolagem/
  decolagem *(Braz)*

sad triste
safe seguro
safety pin o alfinete
sailboat o barco à vela
sale *(at reduced prices)* os saldos
salmon o salmão
salt o sal
same: the same hat o mesmo chapéu
  the same skirt a mesma saia
  the same again a mesma coisa
sand a areia
sandals as sandálias
sand dunes as dunas
sanitary napkins os pensos higiénicos/
  o absorvente *(Braz)*
satellite TV a tv via satélite
sauce o molho
saucepan a panela
sauna a sauna
say dizer
  what did you say? o que é que disse?
  how do you say …? como é
  que se diz …?
Scandinavia a Escandinávia
scarf o lenço
school a escola
scissors a tesoura
Scotland a Escócia
Scottish escocês
screw o parafuso
screwdriver a chave de parafusos/
  fenda *(Braz)*
sea o mar
seafood os mariscos
seat o lugar
seat belt o cinto de segurança
second segundo
second floor o primeiro andar

see ver
  I can't see naõ posso/consigo ver *(Braz)*
  I see estou a ver/vendo *(Braz)*
sell vender
separate separado
separated separado
serious sério
several vários
sew costurar
shampoo o champô/o shampoo *(Braz)*
shave *(verb)* fazer a barba
shaver a máquina de barbear
shaving cream a espuma de barbear
shawl o xaile
she ela
sheet o lençol
shell a concha
ship o barco/o navio *(Braz)*
shirt a camisa
shoelaces os atacadores/o cadarço *(Braz)*
shoe polish a pomada dos sapatos/
  a graxa de sapato *(Braz)*
shoes os sapatos
shoe store a sapataria
shopping as compras
  go shopping ir ás compras
shopping center o centro comercial/
  o shopping *(Braz)*
short curto
shorts os calções
shoulder o ombro
shower *(bath)* o duche/a ducha *(Braz)*
  (rain) o aguaceiro/a chuva *(Braz)*
shower cap a touca de banho
shower gel o gel de banho
shrimp a gamba/o camarão *(Braz)*
shutter *(camera)* o obturador
  (window) o estor/a veneziana *(Braz)*
sick *(ill)* doente
  I feel sick estou agoniado/enjoado *(Braz)*
side *(edge)* a borda
  I'm on her side
  eu estou do lado dela

sidewalk o passeio
sights: the sights of … as vistas de …
silk a seda
silver *(color)* prateado
  (metal) a prata
simple simples
sing cantar
single *(one)* único
  (unmarried) solteiro
single room o quarto individual
sister a irmã
skates os patins
skid *(verb)* patinar/derrapar *(Braz)*
skin cleanser loção para limpar a pele/
  o leite de limpeza *(Braz)*
skirt a saia
sky o céu
sleep *(noun)* o sono
  (verb) dormir
  go to sleep ir dormir
sleeping bag o saco de dormir
sleeping car a carruagem cama/
  o vagão-leito *(Braz)*
sleeping pill o comprimido para dormir
sling o aparelho de gesso/a tipóia *(Braz)*
slippers os chinelos
slow lento
small pequeno
smell *(noun)* o cheiro
  (verb) cheirar
smile *(noun)* o sorriso
  (verb) sorrir
smoke *(noun)* o fumo
  (verb) fumar
snack a refeição ligeira/
  o lanche *(Braz)*
snorkel o respirador aquático
snow a neve
so: so good tão bom
soaking solution *(for contact lenses)*
  a solução para as lentes de contacto
soap o sabonete
soccer o futebol

socks as meias
somebody alguém
somehow de alguma maneira
something alguma coisa
sometimes às vezes
somewhere nalguma parte/
  em algum lugar *(Braz)*
son o filho
song a canção
sorry! desculpe!
south o sul
South Africa a África do Sul
South African sul-africano
souvenir a lembrança
souvenir shops a loja de artigos regionais/
  a loja de lembranças *(Braz)*
spade *(shovel)* a pá
  (cards) o naipe de espadas
Spain a Espanha
Spanish espanhol
spare parts as peças sobresselentes/
  sobressalentes *(Braz)*
spark plug a vela
speak falar
  do you speak ...? fala ...?
  I don't speak ...
  eu não falo ...
speed a velocidade
speed limit o limite de velocidade
speedometer o conta-quilómetros/
  o velocímetro *(Braz)*
spider a aranha
spoon a colher
sprain a distensão
spring *(mechanical)* a mola
  (season) a primavera
stadium o estádio
staircase a escada
stairs os degraus
stamp o selo
stapler o agrafador/o grampeador *(Braz)*
star a estrela/o astro *(m/f)*
  (movie) a estrela de cinema

start a partida
  (verb) começar
station a estação
  (metro) a estação do metro
statue a estátua
steal roubar
  my bag's been stolen
  roubaram-me a carteira
steamer o barco a vapor
  (cooking) a panela de pressão
steering wheel o volante
steward o comissário de bordo
sting *(noun)* a picada
  (verb) picar
stomach o estômago
stomachache a dor de estômago
stop *(verb)* parar
  (bus stop) a paragem de autocarro/
  o ponto de ônibus *(Braz)*
  stop! stop!/pare! *(Braz)*
store a loja
storm a tempestade
stream *(small river)* o ribeiro/
  o riacho *(Braz)*
street a rua
string *(cord)* o cordel/o barbante *(Braz)*
  (guitar, etc.) a corda
stroller *(for a baby)* o carrinho de
  bébé/bebê *(Braz)*
student o estudante
stupid estúpido
suburbs os arredores
subway o metro
sugar o açúcar
suit *(noun)* o fato/o terno *(Braz)*
  (verb) ficar bem
  it suits you fica-lhe bem
suitcase a mala
sun o sol
sunbathe tomar banhos de sol
sunburn a queimadura solar
sunglasses os óculos de sol
sunny soalheiro/ensolarado *(Braz)*

suntan o bronzeado

suntan lotion a loção de bronzear/
   o bronzeador (Braz)

supermarket o supermercado

supplement o suplemento

sure: are you sure? tem a certeza?

suspenders os suspensórios

sweat (noun) o suor
   (verb) suar

sweater a camisola/o suéter (Braz)

sweatshirt a camisola/
   a camisa de moleton (Braz)

sweet (not sour) doce

swimsuit o fato de banho/
   o calção de banho (man)/
   maiô (woman) (Braz)

swimming pool a piscina

swing o baloiço/o balanço (Braz)

Swiss suiço/a (m/f)

switch o interruptor

Switzerland a Suiça

synagogue a sinagoga

table a mesa

tablet o comprimido

taillights as luzes de trás

take tomar

take away: to take away para levar

takeoff (noun) a descolagem/
   a decolagem (Braz)
   (verb) descolar/decolar (Braz)

talcum powder o pó talco/o talco (Braz)

talk (noun) a conversa
   (verb) falar

tall alto

tampons os tampões higiénicos

tap a torneira

tapestry a tapeçaria

tea o chá

telegram o telegrama

telephone (noun) o telefone
   (verb) telefonar

telephone booth a cabine telefónica/
   o orelhão (Braz)

telephone call a chamada telefónica/
   telefônica (Braz)

television a televisão

temperature a temperatura

tent a tenda/a barraca (Braz)

tent pole a vara (mastro) da tenda

tent stake a estaca para prender a tenda

than do que

thank (verb) agradecer
   thank you obrigado

that: that bus esse autocarro/
   aquele ônibus (Braz)
   that man esse homem
   that woman essa mulher
   what's that? o que é isso?
   I think that … eu penso que …

their: their room o quarto deles/delas
   their books os livros deles/delas
   it's theirs é deles/delas

them: it's for them é para eles/elas
   give it to them dê-o a eles/elas

then então

there ali

these: these things estas coisas
   these are mine estes são meus

they eles/elas

thick espesso, grosso

thin fino

think pensar
   I think so acho que sim
   I'll think about it vou pensar nisso

third terceiro

thirsty: I'm thirsty tenho sede

this: this bus este autocarro/
   ônibus (Braz)
   this man este homem
   this woman esta mulher
   what's this? o que é isto?
   this is Mr. … este é o Senhor …

those: those things essas coisas
   those are his esses são dele

throat a garganta
through através
thumbtack o pionés/a tacha *(Braz)*
thunderstorm a trovoada
ticket o bilhete/a passagem *(Braz)*
tide a maré
  high tide a maré-alta
  low tide a maré-baixa
tie *(noun)* a gravata
  (verb) atar
time o tempo
  what's the time?
  que horas são?
timetable o horário
tip *(money)* a gorjeta
  (end) a ponta
tire *(wheel)* o pneu
tired cansado
  I feel tired sinto-me cansado
tissues os lenços de papel
to: to Portugal para Portugal
  to the station para a estação
  to the doctor para o médico
toast *(bread)* a torrada
  (drink) um brinde
tobacco o tabaco
today hoje
together juntos
toilet a casa de banho/o banheiro *(Braz)*
toilet paper o papel higiénico/
  higiênico *(Braz)*
tomato juice o sumo/suco *(Braz)*
  de tomate
tomorrow amanhã
tongue a língua
tonic water a água tónica/tônica *(Braz)*
tonight esta noite
too *(also)* também
  (excessive) demasiado
tooth o dente
toothache a dor de dentes
toothbrush a escova de dentes
toothpaste a pasta de dentes

tour a excursão
tourist o turista
tourist information office o centro de
  informação turística
towel a toalha
tower a torre
town a cidade
town hall a câmara municipal
toy o brinquedo
toy store a loja de brinquedos
tractor o tractor/o trator *(Braz)*
tradition a tradição
traffic o trânsito
traffic jam o engarrafamento
traffic lights os semáforos/
  os sinais *(Braz)*
trailer o reboque
  (van) a rulote/o trailer *(Braz)*
train o comboio/o trem *(Braz)*
translate traduzir
transmission a transmissão
travel agency a agência de viagens
traveler's check o cheque de viagens
tray a travessa/a bandeja *(Braz)*
tree a árvore
trip a viagem
truck o camião/o caminhão *(Braz)*
trunk *(car)* o porta bagagens/
  o porta malas *(Braz)*
try tentar
tunnel o túnel
tweezers a pinça
typewriter a máquina de escrever

umbrella o guarda-chuva
uncle o tio
under debaixo de
underpants as cuecas
undershirt a camisola interior/
  a camiseta *(Braz)*
understand: I don't understand
  não compreendo

underwear a roupa interior/
  de baixo (*Braz*)
university a universidade
unmarried solteiro
until até
unusual pouco vulgar/incomum (*Braz*)
up em cima
  (*upwards*) para cima
urgent urgente
us: it's for us é para nós
use (*noun*) o uso
  (*verb*) usar
  it's no use não vale a pena
useful útil
usual usual, habitual
usually usualmente

vacancy (*room*) vaga/o quarto vogo (*Braz*)
vacation as férias
vacuum cleaner o aspirador
vacuum flask o termo/
  a garrafa térmica (*Braz*)
valley o vale
valve a válvula
van a furgoneta/
  a caminhonete (*Braz*)
vanilla a baunilha
vase o vaso
veal a vitela
vegetables os legumes
vegetarian (*person*) o vegetariano
  (*adj.*) vegetariano
vehicle o veículo
very muito
video tape a videocassete
view a vista
viewfinder o visor
villa a vivenda/a casa de campo (*Braz*)
village a aldeia
vinegar o vinagre
violin o violino
visa o visto

visit (*noun*) a visita
  (*verb*) visitar
visitor a visita
vitamins as vitaminas
voice a voz

waiter o empregado de mesa/
  o garçom (*Braz*)
  waiter!/waitress! se faz favor!/
  por favor! (*Braz*)
waiting room a sala de espera
waitress a empregada de mesa/
  a garçonete (*Braz*)
Wales o País de Gales
walk (*noun*) o passeio
  (*verb*) andar a pé
  go for a walk ir dar um passeio a pé
wall (*inside*) a parede
  (*outside*) o muro
wallet a carteira
war a guerra
wardrobe o guarda-roupa
warm quente
was: I was here last night
  eu estive aqui ontem à noite
wasp a vespa
watch (*noun*) o relógio
  (*verb*) observar
water a água
waterfall a catarata/a cachoeira (*Braz*)
wave (*noun*) a onda
  (*verb*) acenar
we nós
weather o tempo
website a página na internet/
  o web site (*Braz*)
wedding o casamento
week a semana
welcome: you're welcome de nada
Welsh galês/esa (*m/f*)
were: we were here last year
  nós estivemos aqui o ano passado

127

west o oeste
wet molhado
what? o quê?
wheel a roda
wheelchair a cadeira de rodas
when? quando?
where? onde?
whether se
which? qual?
white branco
who? quem?
why? porquê?
wide largo
wife a esposa
wind o vento
windbreaker o impermeável de nylon/
   o casaco de nailon (*Braz*)
window a janela
   (*of store*) a montra/a vitrine (*Braz*)
windshield o pára-brisas
windshield wiper o limpa pára-brisas
wine o vinho
wine list a lista dos vinhos
wine merchant o negociante de vinhos
wing a asa
with com
without sem
woman a mulher
women (*restroom*) senhoras
wood a madeira
wool a lã
word a palavra
work (*noun*) o trabalho
   (*verb*) trabalhar
   (*machine, etc.*) funcionar

worse pior
worst péssimo
wrapping paper o papel de embrulho
wrench a chave inglesa
wrist o pulso
writing paper o papel de carta
wrong errado
   what's wrong?
o que é que se passa?

year o ano
yellow amarelo
yes sim
yesterday ontem
yet: is it ready yet? já está pronto?
   not yet ainda não
you (*sing. familiar*) tu
   (*plural familiar*) vocês
   (*sing. polite*) (*to man*) o Senhor
   (*to woman*) a Senhora
   (*plural polite*) os Senhores/
as Senhoras
your (*sing. familiar*) **your book** o teu livro
   is it yours? é teu?
   (*sing. polite*) **your house** a sua casa
   is it yours? é seu?
   (*plural familiar and polite*)
   your house a vossa casa
   is it yours? é vosso?
youth hostel o albergue da juventude

zipper o fecho eclair®
zoo o jardim zoológico